M. Waddington de Wyck

May Sinclair

Writat

Cette édition parue en 2024

ISBN : 9789359941868

Publié par
Writat
email : info@writat.com

Contenu

Je ....- 1 -

II ....- 7 -

III ....- 11 -

IV ....- 19 -

V ....- 37 -

VI ....- 46 -

VII ....- 52 -

VIII ....- 70 -

IX ....- 81 -

X ....- 91 -

XI ....- 97 -

XII ....- 126 -

XIII ....- 139 -

XIV ....- 150 -

XV ....- 160 -

je

1

Barbara aurait aimé revenir. Depuis une heure, Fanny Waddington n'avait cessé d'entrer et de sortir de la pièce par la porte ouverte du jardin, apportant des tulipes, des tulipes blanches, roses et rouges, pour les bols fleuris de Lowestoft, planant au-dessus d'elles, les caressant avec elle. de délicats doigts de papillon, fredonnant une sorte de chanson pour elle-même.

La chanson se mélange avec la liste des magasins que Barbara était en train de faire : "Deux douzaines de serviettes en verre. Douze livres de biscuits pour chiots Spratt. Une douzaine de pyjamas pour hommes tout en soie, taille extra large"… "A-hoom—hoom, a -hoom—hoom" (cet *Impromptu* de Schubert), et avec les notes que Barbara écrivait : "Mme Waddington a plaisir à joindre…." Fanny Waddington se ferait toujours un plaisir de joindre quelque chose…. "Un ho-om—boum, boum, hé." Un son si léger qu'il ne troublait guère le calme de la pièce. Si un papillon pouvait fredonner, il fredonnerait comme Fanny Waddington.

Barbara Madden n'était pas depuis deux jours à Lower Wyck Manor, et elle y était déjà chez elle ; elle connaissait par cœur le salon de Fanny, avec à chaque extrémité la partie basse des fenêtres Tudor, leurs treillis lambrissés par de lourds meneaux, celle du fond donnant sur le jardin verdoyant bordé de giroflées et de tulipes ; celui de devant donnait sur le terrain en herbe rond et le cadran solaire, l'allée et les arbustes au-delà, le long de la large allée qui le traversait jusqu'aux étendues dégagées du parc. Elle aimait l'intérieur, les tapis persans décolorés par des taches de gris, de fauve et de vieux rose, les meubles en acajou de Porto, les tables qui déployaient les griffes de cuivre de leurs pieds, les armoires et les bibliothèques grillagées, les rideaux de chintz et les housses de chaises. , tous des dahlias rouges et des perroquets bleu poudré sur fond crème. Mais quand Fanny n'était pas là, on pouvait sentir la pièce souffrir du vide qu'elle laissait.

Barbara avait mal. Elle se surprit à écouter les pas de Fanny Waddington sur le chemin dallé et le son de son bourdonnement. Pendant qu'elle attendait, elle leva les yeux vers la photo au-dessus du bureau, dans le renfoncement de la cheminée, le portrait à l'huile d'Horatio Bysshe Waddington, le mari de Fanny.

Il était assis, lourdement assis avec sa largeur et sa hauteur repliée, dans l'un des fauteuils en cuir marron de sa bibliothèque, vêtu d'un manteau en tweed, d'une culotte d'équitation couleur mastic, d'un gilet chamois et d'une cravate gris-bleu. Le beau visage fleuri était relevé dans une pose noble au-dessus du col blanc et raide ; on voyait la lèvre inférieure pleine et légèrement tombante sous la moustache noire et hirsute. Il y avait de la solennité dans le saillant épais et arrondi du nez romain, dans les yeux légèrement exorbités et dans la ligne presque imperceptible qui s'affaissait de chaque narine jusqu'à la longue courbe des joues. Cette silhouette, une grande cuisse croisée sur l'autre, était extraordinairement solide sur le fond enfumé où les cheveux noirs coupés faisaient une lumière aqueuse. Ses yeux ne regardaient rien de particulier. Horatio Bysshe Waddington semblait plongé dans une pensée solennelle.

Le portrait de sa femme était accroché au-dessus de la table de jeu dans l'autre niche.

Barbara espérait qu'il serait gentil ; elle espérait qu'il serait intéressant, puisqu'elle devait être sa secrétaire. Mais bien sûr, il le serait. Quelqu'un d'aussi charmant que Fanny n'aurait jamais pu l'épouser s'il ne l'avait pas été. Elle se demandait comment elle, Barbara Madden, jouerait son double rôle de secrétaire et de compagne pour elle. Elle avait déjà été secrétaire d'autres hommes ; Pendant toute la guerre, elle avait été secrétaire de quelqu'un, mais elle n'avait jamais eu à être la compagne de leurs épouses. C'était peut-être une bonne chose que Fanny, comme elle ne cessait de le lui rappeler, l'ait « sécurisée » en premier. Elle était heureuse qu'il ne soit pas là à son arrivée et qu'il ne le soit que après-demain (il avait télégraphié ce matin-là pour le leur dire) ; de sorte que pendant deux jours encore, elle aurait Fanny pour elle seule.

2

"Eh bien, que penses-tu de lui ?"

Fanny était revenue dans la pièce ; elle planait derrière elle.

"Je—je pense qu'il est plutôt beau."

"Eh bien, voyez-vous, cela a été peint il y a dix-sept ans. Il était jeune alors."

« A-t-il beaucoup changé depuis ? »

"Cher moi, non", dit Fanny. "Il n'a pas changé du tout."

"Tu n'en as plus, je pense."

"Oh, *moi* ... dans dix-sept ans !"

Elle ressemblait encore absurdement à son portrait, après dix-sept ans, avec son corps léger et élancé, prête pour un de ses vols, ses mouvements rapides de papillon et d'oiseau, avec sa petite face blanche, le nez de terrier levé sur les ombres des ailes de papillon. de ses narines, ses yeux bleu foncé qui vous regardaient, serrés sous les sourcils noirs bas, ses cheveux bruns qui jaillissaient en deux faucilles de la pointe de son front, ratissant jusqu'à la courbe arrière du chignon, un profil de cyclamen. Et sa bouche, les lèvres fines dessinées plus finement par son sourire enchanteur. Tous ces traits formaient une unité si étrange et si sensible que sa bouche vous regardait et ses yeux disaient des choses. Peu importe combien de temps elle vivrait, elle serait toujours jeune.

"Oh, ma chère enfant," dit-elle, "tu ressembles tellement à ta mère."

"Est-ce que je le suis ? Avais-tu peur que je ne le sois pas ?"

"Un peu, juste un peu peur. Je pensais que tu serais moderne."

"C'est ce que je suis. Maman aussi."

"Pas quand je l'ai connue."

"Après alors." Une pensée soudaine vint à Barbara. "Mme Waddington, si votre mère était votre amie la plus chère, pourquoi ne me connaissez-vous pas depuis tout ce temps ?"

"Ta mère et moi nous sommes perdus de vue avant ta naissance."

"Mère ne voulait pas."

"Moi non plus."

"Mère t'aurait détesté de penser qu'elle l'avait fait."

"Je n'y avais jamais pensé. Elle devait savoir que je ne le savais pas."

"Alors pourquoi-"

"Avons-nous perdu de vue ?"

"Oui, pourquoi ? Les gens ne le font pas, s'ils peuvent s'en empêcher, s'ils s'en soucient suffisamment. Et maman s'en souciait."

"Tu es une petite chose persistante, n'est-ce pas ? Est-ce que tu essaies de faire croire que je m'en fiche ?"

"J'essaie de te faire voir que c'est ce que maman a fait."

"Eh bien, ma chérie, nous nous en souciions tous les deux, mais nous *ne pouvions pas* nous en empêcher. Nous nous sommes mariés et nos maris ne s'entendaient pas bien."

"N'est-ce pas ? Et papa était si gentil. Tu ne savais pas à quel point il était gentil ?"

"Oh, oui. Je savais. Mon mari était gentil aussi, Barbara, même si tu ne le penses peut-être pas."

"Oh, mais oui. Je suis sûr que oui. Seulement, je ne l'ai pas encore vu."

"Tellement gentil. Mais," dit Fanny, poursuivant sa propre pensée, "il n'a jamais fait de blague de sa vie, et ton père n'a jamais rien *fait* d'autre."

"Papa ne faisait pas de blagues. Ils venaient le voir."

"Je les ai vus venir. Il ne les a jamais renvoyés, peu importe à quel point ils étaient méchants ou combien ils étaient chers. J'adorais ses blagues… Mais Horatio non. Il n'aimait pas que je les adore, donc tu vois-"

"Je vois. Je me demande", dit Barbara en levant à nouveau les yeux vers le portrait, "à quoi pense-t-il ?"

"Je me demandais."

"Mais tu sais maintenant ?"

"Oui, je sais maintenant", dit Fanny.

" Que se passera-t-il, " dit Barbara, " si *je* fais des blagues ? "

"Rien. Il ne les verra jamais."

"S'il voyait celui de papa..."

"Oh, mais il ne l'a pas fait. C'était moi."

Barbara était réfléchie. « Je suppose, » dit-elle, « vous ne me garderez pas longtemps.
Supposons que je ne puisse pas faire le travail ?

"Le *travail*?" Le regard de Fanny était interrogateur et un peu surpris, comme s'il disait : « Qui a dit travail ? Quel travail ?

"Eh bien, le travail de M. Waddington. Je dois l'aider avec son livre, n'est-ce pas ?"

"Oh, son livre, oui. *Quand* il l'écrit. Il ne l'est pas toujours. Est-ce qu'il ressemble", dit Fanny, "à un homme qui serait toujours en train d'écrire un livre ?"

"Non. Je ne peux pas dire que oui, exactement." (A quoi *ressemblait* -il?)

"Eh bien, tout ira bien. Je veux dire, *nous* le serons."

"Je me demandais seulement si je pouvais vraiment faire ce qu'il voulait."

"Si Ralph le pouvait", dit Fanny, "vous le pouvez."

"Qui est Ralph ?"

"Ralph est mon cousin. Il *était* le secrétaire d'Horatio."

" *Était* ." Barbara y réfléchit. « Alors, *il* a fait des blagues ?

"Beaucoup. Mais ce n'est pas pour ça qu'il est parti... C'était terriblement dommage aussi, parce qu'il est terriblement en difficulté."

"S'il est en difficulté", a déclaré Barbara, "je ne peux pas supporter de penser que je l'ai mis au chômage."

"Tu ne l'as pas fait. Il devait partir."

Fanny se tourna de nouveau vers ses fleurs et Barbara vers sa liste de magasins.

"Tu es sûre," dit soudain Fanny, "tu as mis 'rayé' ?"

"Rayé ? Le pyjama ? Non, je ne l'ai pas fait."

"Alors, pour l'amour de Dieu, dis-le. Supposons qu'ils envoient ces horribles choses futuristes; eh bien, il me ferait peur. Ne vois-tu pas Horatio sortir de sa loge, tout en taches magenta et en éclairs fourchus?" ?"

"Je ne l'ai pas encore vu du tout", a déclaré Barbara.

"Eh bien, attends…. Est-ce que mon bourdonnement t'ennuie ?"

"Pas du tout. J'aime ça. C'est un son tellement joyeux."

"Je le fais toujours", dit Fanny, "quand je suis heureuse".

On entendait des pas, des pieds dans des bottes à lourdes semelles, claquer sur l'allée qui entourait la pelouse et le cadran solaire ; les pieds impatients d'un jeune homme. Fanny tourna la tête et écouta.

"Voilà *Ralph* ", dit-elle. "Entrez, Ralph!"

Le jeune homme se tenait devant la porte basse et étroite, la remplissant de sa taille et de sa largeur élancées. Il regarda Fanny avec méfiance, dans le coin le plus éloigné de la pièce, et quand ses yeux trouvèrent Barbara devant son bureau, ils sourirent.

"Oh, *entre* ," dit Fanny. "Il n'est pas là. Il ne le sera pas avant vendredi. Voici Ralph Bevan, Barbara, et voici Barbara Madden, Ralph."

Il s'inclina, toujours souriant, comme s'il voyait quelque chose d'irrépressiblement amusant en sa présence.

"Oui", dit Fanny au sourire. "Votre successeur."

"Je vous félicite, Miss Madden."

"Ne sois pas une bête ironique. Elle a juste dit qu'elle ne pouvait pas supporter de penser qu'elle t'avait fait perdre ton travail."

"Eh bien, je ne pouvais pas", a déclaré Barbara.

"C'est très gentil de votre part. Mais vous ne m'avez fait aucun tort. C'était un acte de Dieu."

"C'était l'acte d'Horatio. Non pas que Miss Madden ait voulu réfléchir à sa justice et à sa miséricorde."

"Je ne connais pas sa justice", a déclaré Ralph. "Mais il a été absolument miséricordieux lorsqu'il m'a viré."

"Est-ce que c'est si dur alors ?" dit Barbara.

"Vous ne le trouverez peut-être pas ainsi."

"Oh, mais je vais aussi être le compagnon de Mme Waddington."

"Tout ira bien alors. Ils ne *me laisseraient pas* être comme ça."

"Il veut dire que tu seras en sécurité, ma chérie. Tu ne seras pas viré quoi qu'il arrive."

"Quel genre de secrétaire je suis ?"

"Oui. Elle peut être n'importe quel genre qu'elle veut, en toute raison, n'est-ce pas ?"

"De toute façon, elle ne peut pas être pire que moi."

Barbara était consciente qu'il l'avait regardée, d'un long regard, mi-pensive, mi-amusé, comme s'il allait dire quelque chose de différent, quelque chose qui lui donnerait une curieuse lumière sur elle-même, et elle avait réfléchi.

Fanny Waddington protestait. "Mon cher garçon, ce n'était pas par incompétence. Elle meurt simplement d'envie de savoir ce que tu *as* fait."

"Tu peux lui dire."

"Il voulait écrire le livre d'Horatio pour lui, et Horatio ne l'a pas laissé faire. C'est tout."

"Oh, eh bien, *je* ne veux pas l'écrire", a déclaré Barbara.

"Nous pensions que vous ne le feriez peut-être pas", a déclaré Fanny.

Mais Barbara s'était tournée vers son bureau, affectant une discrète absorption dans sa liste. Et bientôt Ralph Bevan sortit dans le jardin avec Fanny pour cueillir d'autres tulipes.

II

1

Elle *mourait* d'envie de savoir ce qu'il avait fait, mais maintenant, après que Ralph soit resté déjeuner, prendre le thé et dîner ce premier jour, après avoir passé toute la journée d'hier au Manoir, et après qu'il soit arrivé aujourd'hui à dix heures Vers 18 heures du matin, Barbara pensait avoir fait l'histoire, même si elles avaient été très discrètes et que Fanny avait insisté pour lire "Tono-Bungay" à haute voix la moitié du temps.

Ralph, bien sûr, était amoureux de sa cousine Fanny. Bien sûr, elle devait avoir au moins dix ans de plus que lui, mais cela n'aurait pas d'importance. Et, bien sûr, c'était plutôt méchant de sa part, mais là encore, il ne pouvait très probablement pas s'en empêcher. Cela lui était arrivé alors qu'il ne réfléchissait pas ; et qui pourrait ne pas être amoureux de Fanny ? Vous pourriez être amoureux des gens de manière tout à fait innocemment et désespérément. Il n'y avait pas de péché là où il n'y avait aucun espoir.

Et peut-être que Fanny était innocemment, très innocemment, amoureuse de lui ; ou, si elle ne l'était pas, Horatio pensait qu'elle l'était, ce qui revenait à peu près au même ; de sorte que de toute façon, le pauvre Ralph devait partir. L'explication qu'ils avaient donnée, pensa Barbara, était plutôt mince, pas tout à fait digne de leur admirable intelligence.

C'était vendredi, le cinquième jour de Barbara. Elle rentrait chez elle à pied avec   Ralph
Bevan en traversant le parc des Waddington, le long de l'allée principale qui menait de Wyck-on-the-Hill à Lower Wyck Manor.

Il ne serait pas surprenant, pensa-t-elle, que Fanny soit amoureuse de sa cousine ; il était, comme elle se le disait, si clairement « tombable amoureux ». Elle voyait Fanny s'abandonner, d'abord à son rire soudain, à son esprit vif et ravi, à sa franchise innocente et engageante. Il serait, pensa-t-elle, infiniment amusant, infiniment intéressant, parce qu'il était tellement intéressé, tellement amusé. Il y avait quelque chose qui lui plaisait dans sa façon de marcher, sans chapeau, la tête renversée, les épaules carrées, les mains enfoncées dans les poches de son manteau, à l'abri de tout geste ; quelque chose dans la façon dont il se retournait sur son chemin pour lui faire face avec son rire. Il avait le nez de terrier de Fanny avec l'ombre d'un pli dedans ; ses cheveux noirs repoussaient en faucille sur chaque tempe ; il ne serait pas plat et lisse comme celui des autres, mais il surgit, enroulé à partir de la coupure. Ses yeux étaient les siens, des yeux pommelés, verts et gris, noirs et bruns, scintillants ; tout comme sa bouche, qui n'était ni trop fine ni trop épaisse – la détermination dans la courbe poussée de sa lèvre inférieure

– et son menton, qui était juste un peu trop grand pour elle, un peu trop grand pour son visage. Ses joues étaient brûlées par le soleil, et une petite pluie de taches de rousseur ocre se propageait à cause du coup de soleil et parsemait les pentes de son nez. Elle voulait le dessiner.

« Est-ce que Mme Waddington ne se promène jamais ? dit-elle.

"Fanny ? Non. Elle est trop paresseuse."

"Paresseux?"

« Trop active, si tu veux, d'une autre manière… Depuis combien de temps la connais-tu ?

"Juste cinq jours."

"Cinq *jours* ?"

"Oui, mais, voyez-vous, il y a des années, elle était l'amie la plus chère de ma mère. C'est comme ça que je suis devenue leur secrétaire. Quand elle a vu mon nom dans l'annonce, elle a pensé que ce devait être moi. Et c'était moi. Ils ne l'avaient pas fait. Je me suis vu pendant des années et des années. Mon père et M. Waddington ne s'entendaient pas bien, je crois.

"Tu ne l'as pas encore vu ?"

"Non. Il semble y avoir un mystère à son sujet."

"Mystère?"

"Oui. Qu'est-ce qu'il y a ? Ou tu ne peux pas le dire ?"

"Je *ne* le dirai pas. Ce ne serait pas gentil."

"Alors ne… ne le fais pas. Je ne savais pas que c'était ce genre de chose."

Ralph rit. "Ce n'est pas le cas. Je voulais dire que ce ne serait pas gentil avec toi. Je ne veux pas le gâter pour toi."

"Alors il y *a* ... dis-moi une chose : dois-je m'entendre avec lui, d'accord ?"

"Ne me demande pas *ça* ."

"Je veux dire, est-ce qu'il sera terriblement difficile de travailler avec lui ?"

"Parce qu'il m'a viré ? Non. Seulement, tu ne dois pas laisser entendre que tu sais mieux que lui. Et si tu veux garder ton emploi, tu ne dois pas le contredire."

"Maintenant, tu m'as donné envie de le contredire. Quoi qu'il dise, je devrai dire l'autre chose, que je sois d'accord avec lui ou non."

"Tu ne penses pas que tu pourrais temporiser un peu ? Pour elle."

"As *-tu* temporisé ?"

"Au contraire. J'étais aussi doux et servile que je savais le faire."

"Comme vous le saviez. Pensez-vous que je saurai mieux ?"

"Oui, tu es une femme. Tu peux être du bon côté de lui. Veux-tu essayer, à cause de Fanny ? Je suis terriblement contente qu'elle t'ait et je veux que tu restes. Entre toi et moi, elle il passe un très mauvais moment avec Waddington."

"Ça y est. Je sais… je sais… je *sais que* je vais le détester."

"Oh, non, ce n'est pas le cas. Vous ne pouvez pas *détester* Waddington."

« *Ce* n'est pas le cas ? »

"Oh, Seigneur, non. Cela ne me dérangerait pas du tout, le pauvre vieux, s'il n'était   pas
le mari de Fanny."

Il l'avait presque pour ainsi dire possédé, lui ayant presque mis la possession de leur secret. Elle le concevait – son secret, le secret de Fanny – comme toute l'innocence de sa part, toute la chevalerie de sa part ; tendre, désespéré et pur.

2

Ils étaient arrivés au portail blanc qui menait entre les buissons et le terrain en herbe, avec derrière elle la maison en pierre jaune-gris.

C'était gentil, pensa-t-elle, de la part de Fanny d'obliger M. Bevan à l'emmener faire ces longues promenades alors qu'elle ne pouvait pas les accompagner ; mais Barbara sentait tout le temps qu'elle devait s'excuser auprès du jeune homme de ne pas être Fanny, surtout quand M. Waddington revenait aujourd'hui par le train de trois heures quarante et que cet après-midi serait leur dernier avant Dieu sait combien de temps. Et pendant qu'ils parlaient – de la vie de Ralph avant la guerre et des emplois qu'il avait perdus à cause de celle-ci (il avait été journaliste), et du travail de Barbara au War Office, des raids aériens et des jeux auxquels ils avaient tous deux participé, et leurs auteurs préférés et la chambre qu'il avait au White Hart Inn à Wyck ; tandis qu'ils parlaient couramment, avec l'aisance de vieilles connaissances, presque de vieux amis, Barbara admirait la beauté des manières de M. Bevan ; on aurait cru qu'au lieu de souffrir, comme il devait souffrir, des angoisses d'impatience et d'irritation, il n'avait jamais autant joui de sa vie que de cette aventure qui venait de se terminer.

Il lui avait ouvert le portail et se tenait maintenant dos à lui, lui tendant la main et lui disant : « Au revoir ».

"Tu n'entres pas ?" dit-elle. "Mme Waddington vous attend pour le thé."

"Non", dit-il, "elle ne le fait pas. Elle sait que je ne peux pas venir s'il est là."

Il fit une pause. "Au fait, son livre est dans un désordre épouvantable. Je n'ai pas eu le temps d'y faire grand-chose avant de partir. Si vous n'arrivez pas à le comprendre, vous devez venir me voir et je vous aiderai. "

"C'est très gentil de votre part."

"Plutôt pas. C'était *mon* travail, tu sais."

Il franchissait la porte à reculons et saluait en passant. Et maintenant, il s'était retourné et courait d'un pas rapide et athlétique le long de la bordure gazonnée du parc.

III

1

"Le thé est dans la bibliothèque, mademoiselle."

Cette annonce, jointe à l'extraordinaire augmentation d'importance de Partridge, lui aurait dit que le maître était revenu, même si elle n'avait pas vu, par la porte entrouverte du vestiaire, le pardessus de M. Waddington pendait par ses épaules et surmonté par son chapeau mou gris.

D'un mouvement rapide et furtif, l'échanson ferma la porte de ces sanctuaires ; et elle remarqua le calme discret de ses pas alors qu'il se dirigeait vers le couloir sombre lambrissé de chêne, à travers le fumoir et dans la bibliothèque au-delà. Elle aperçut aussi de manière surprenante son propre visage dans la vitre au-dessus de la cheminée du fumoir, ses yeux sombres brillants, le rouge frais et battu par le vent sur ses jeunes joues, la bouche recourbée et fleurie, rouge géranium sur rose blanc.

Cette Barbara du miroir lui souriait au passage avec un amusement si gai et si irresponsable qu'elle en avait le souffle coupé. Son origine lui est devenue claire lorsque les mots de Ralph Bevan lui sont venus à l'esprit : "Je ne veux pas le gâter pour toi." Elle prévoyait une possible intimité dans laquelle Horatio Bysshe Waddington deviendrait le lien unique mais officieux entre eux. Elle savait que cela lui plaisait de partager une plaisanterie secrète avec Ralph Bevan.

Elle trouva Fanny assise derrière sa table à thé dans la pièce basse, sombre avec ses boiseries de chêne au-dessus des longues rangées de bibliothèques, où le sourire flottant de Fanny faisait du mouvement et une sorte de lumière.

Son mari était assis face à elle dans son fauteuil en cuir marron et dans la pose, la merveilleuse pose de son portrait ; seule la sobriété de sa serge bleu marine l'avait affiné, lui donnant une élancement factice. Il ne l'avait pas vue entrer. Il restait assis là, innocent et inconscient ; et ensuite cela lui a donné un petit pincement de remords en se rappelant à quel point il lui avait alors semblé innocent et inconscient.

"Voici mon mari, Barbara. Horatio, vous n'avez pas rencontré Miss Madden."

Ses yeux exorbités exprimaient l'innocence surprise d'une créature prise au dépourvu. Il venait de retirer de sa tasse de thé son visage à moustache dégoulinante, et s'il emportait cette maladresse d'un simple coup de mouchoir de poche, on voyait qu'il était sensible ; il détestait que vous l'attrapiez dans un geste qui n'était pas noble. Tous ses gestes étaient nobles ainsi que ses attitudes. Il était noble en se levant, lentement, déployant sa grande taille, resserrant par un mouvement de ses épaules sa grande largeur. Il la regarda superbement et lui tendit la main ; il se fermait sur le sien dans un grand fermoir génial.

"Alors c'est ma secrétaire, n'est-ce pas ?"

"Oui. Et n'oublie pas qu'elle est ma compagne ainsi que ta secrétaire."

"Je n'oublie jamais rien de ce dont tu souhaites que je me souvienne." (Seulement il a dit « nevah » et « remembah » ; il s'est incliné en le disant d'une manière très courtoise.)

Barbara remarqua que ses cheveux noirs et sa moustache étaient légèrement grisonnants, qu'il y avait de la chair lâche autour de ses paupières, que son menton était doublé et que ses joues s'affaissaient à cause des os, sinon il était exactement comme son portrait ; ces changements le rendaient, au contraire, plus incorruptiblement digne et plus solennel. Il était resté debout (car son éducation était parfaite), se déplaçant entre la table à thé et Barbara, lui apportant du thé, du lait, du sucre et des choses à manger. Dans l'ensemble, il était si simple, si génial et sans mystère que Barbara ne pouvait que supposer que Ralph s'était moqué d'elle, de son émerveillement, de sa curiosité.

"Ma chérie, quelle couleur tu as!"

Fanny porta ses mains à ses propres joues pour attirer l'attention sur celles de Barbara. "Tu *es* en train de devenir une fille de la campagne, n'est-ce pas ? Tu aurais dû voir son visage blanc quand elle est venue, Horatio."

"Qu'est-ce qu'elle s'est fait ?" Il s'était réinstallé dans sa chaise et dans son attitude.

"Elle s'est promenée avec Ralph."

"Avec Ralph ? Est *-il* toujours là ?"

"Pourquoi ne devrait-il pas le faire?"

M. Waddington haussa ses immenses épaules. "C'est une question de goût. S'il *aime* traîner dans les parages après son comportement..."

"Pauvre garçon ! Qu'a-t-il fait ? "Comportement" donne l'impression que cela avait été quelque chose d'horrible."

"Nous n'avons pas besoin d'entrer dans ces détails, je pense."

"Mais tu *t'y* lances, chérie, tout le temps. Veux-tu lui tenir tête pour toujours ?"

"Je ne cache rien. Ce que fait Ralph Bevan ne me regarde pas. Puisque je ne dois pas en être incommodé - puisque Miss Madden est venue à mon secours avec tant de charme - je n'y penserai plus."

Il se tourna vers Barbara pour changer de sujet. "Avez-vous eu des difficultés"—(sa voix était mesurée et importante)—"à trouver votre chemin jusqu'ici ?"

"Pas du tout."

"Ah, ce train de treize heures trente est excellent. Excellent. Mais si vous n'aviez pas dit au garde de s'arrêter à Hill, vous auriez été transporté à Cheltenham. Ce qui aurait été très gênant pour vous. Très gênant en effet."

« Mon cher Horatio, que pensais-tu qu'elle *ferait* ?

"Ma chère Fanny, elle aurait pu faire beaucoup de choses. Elle aurait pu se tromper de car à Paddington et avoir été transportée à Worcester."

"Et cela", a déclaré Barbara, "aurait été bien pire que Cheltenham."

" Rien que d'y penser, " dit Fanny, " me fait frissonner. Mais Dieu merci, Barbara, tu n'as fait aucune de ces choses. "

M. Waddington a déplacé le croisement de ses jambes comme un gros chien déplace ses pattes lorsque vous vous moquez de lui ; plus Fanny riait, plus il devenait digne et solennel.

"Tu ne m'as pas encore dit, Horatio, ce que tu as fait à Londres."

"J'allais justement vous dire quand Miss Madden est entrée si délicieusement."

Barbara trouva alors discret de se congédier, mais Fanny la rappela. "Pourquoi fuyez-vous ? Il n'a rien fait à Londres dont il n'aimerait pas que vous entendiez parler."

"Au contraire, je souhaite particulièrement que Miss Madden en entende parler. Je crée une branche de la Ligue Nationale de la Liberté à Wyck. Vous en avez peut-être entendu parler ?"

"Oui. J'en ai *entendu* parler. J'ai même vu le prospectus."

"Bien. Eh bien, Fanny, j'ai déjeuné hier avec Sir Maurice Gedge, et il est passionné comme la moutarde. Il est d'accord avec moi que la Ligue ne servira à rien, à rien du tout, tant qu'elle ne sera pas reprise en force dans les provinces. Il veut Je dois commencer immédiatement. Dès que je peux réunir mon comité.

"Ma chérie, si vous devez d'abord créer un comité, vous ne commencerez jamais."

"Cela dépend entièrement de qui je choisirai. Et ce sera *mon* comité. Sir Maurice a été très catégorique à ce sujet. Il est d'accord avec moi que si vous voulez qu'une chose soit faite et bien faite, vous devez le faire vous-même. Il n'y a que soyez *un seul* esprit en mouvement. Le Comité n'aura rien d'autre à faire que de mettre en œuvre mes idées.

"Alors assurez-vous d'avoir un comité qui n'a pas son propre comité."

"Ce ne sera pas difficile", a déclaré M. Waddington, "à Wyck…. La première chose est le prospectus. C'est là que vous intervenez, Miss Madden."

"Tu veux dire que la première chose, c'est que Barbara rédige le prospectus."

"Sous ma supervision."

"La prochaine chose", dit Fanny, "est de cacher votre prospectus à votre comité jusqu'à ce qu'il soit imprimé. Vous venez à votre comité avec votre prospectus. Vous ne le proposez pas à la discussion."

"Et si," dit Barbara, "ils insistent pour en discuter ?"

"Ils ne le feront pas", dit Fanny, "une fois que c'est imprimé, surtout si c'est payé. Vous devez demander à Pyecraft d'envoyer sa facture immédiatement. Et s'ils *commencent* à discuter, vous pouvez les retarder en leur indiquant la date et le lieu de la facture. la réunion et le libellé des affiches. Cela leur donnera de quoi parler, je suppose que vous serez président."

"Eh bien, je pense que, dans ces circonstances, ils pourraient difficilement nommer quelqu'un d'autre."

"Je ne sais pas. Quelqu'un pourrait suggérer Sir John Corbett."

Le visage de M. Waddington s'affaissa de consternation lorsque Fanny présenta cette possibilité désagréable.

"Je ne pense pas que Sir John s'en soucierait. Je le lui suggérerai moi-même; mais je ne pense pas…."

Après tout, Sir John Corbett était un homme paresseux.

"Quand vous aurez réveillé Sir John, si jamais vous le *réveillez* , alors vous devrez rassembler toutes les villes et villages sur vingt milles. C'est dommage que vous ne puissiez pas avoir Ralph; il les aurait contournés pour vous. en un rien de temps sur sa moto."

"Je suis tout à fait capable de les rassembler moi-même, merci."

"Eh bien, ma chérie," dit calmement Fanny, "ça va t'occuper pendant les six prochains mois, et ce sera bien. La guerre ne te manquera pas tellement alors, n'est-ce pas ?"

« *La guerre vous manque* ?

"Oui, ça te manque, chérie. Il était un agent spécial, Barbara; et il siégeait dans les tribunaux; et il conduisait sa voiture comme un fou pour le service gouvernemental. Il n'avait pas de fin de temps. Cela ne sert à rien de dire tu n'as pas apprécié ça, Horatio, car tu l'as aimé.

"J'étais heureux de pouvoir servir mon pays autant que n'importe quel soldat, mais dire que j'ai apprécié la guerre..."

"S'il n'y avait pas eu de guerre, il n'y aurait pas eu de service dont on puisse se réjouir."

"Ma chère Fanny, c'est une suggestion tout à fait horrible. Voulez-vous dire que j'aurais provoqué cela, cette infâme tragédie, que j'aurais envoyé des milliers et des milliers de nos gars à la mort pour me trouver un emploi ? Si J'ai cru un instant que tu étais sérieux—"

"Tu n'aimes pas que je sois autre chose, chérie."

"Je n'aime certainement pas que tu plaisantes sur de tels sujets."

"Oh, allez," dit Fanny, "nous avons tous apprécié notre travail de guerre, sauf le pauvre Ralph, qui a d'abord été gazé, puis *a* été commotionné par un éclat d'obus."

"Oh, n'est-ce pas ?" dit Barbara.

"Il l'a fait. Et ne penses-tu pas, Horatio, compte tenu des moments pourris qu'il a passés, du fait qu'il a perdu un travail lucratif à cause de la guerre et du fait que tu l'as renvoyé de son poste de secrétaire, ne penses-tu pas que tu pourrais lui pardonner ?"

"Bien sûr," dit Horatio, "je lui pardonne."

Il s'était levé pour partir et avait atteint la porte lorsque Fanny le rappela. — Et je peux lui écrire et lui demander de venir dîner demain soir, n'est-ce pas ? Je veux être bien sûr qu'il *dîne* .

"Je n'ai jamais dit ni laissé entendre," dit Horatio, "qu'il ne devait pas venir dîner."

Sur ce, il les quitta.

" Ce qu'il y a de beau chez Horatio, " dit Fanny, " c'est qu'il n'en veut jamais aux gens, peu importe ce qu'il leur a fait. Je ne doute pas que Ralph le provoquait à outrance et lui donnait tort, et pourtant, bien qu'il ait eu tort et qu'il sache qu'il y était, il ne lui en veut pas du tout.

2

Barbara se demandait comment et où elle passerait ses soirées maintenant que le mari de Fanny était rentré à la maison. Être secrétaire de M. Waddington et compagnon de Fanny ne signifierait pas être compagnon des deux à la fois. Ainsi, quand Horatio apparut dans le salon après le café, elle demanda si elle pouvait s'asseoir dans la salle du matin et écrire des lettres.

"Voulez-vous vous asseoir dans la salle du matin ?" dit Fanny.

"Eh bien, je devrais écrire ces lettres."

"Il y a un feu dans la bibliothèque. Tu peux y écrire. N'est-ce pas, Horatio ?"

M. Waddington leva les yeux avec l'expression bienveillante qu'il avait eue lorsqu'il avait croisé Barbara seule dans le salon avant le dîner, un regard si dirigé vers son cou et ses épaules qu'il lui disait à quel point sa robe décolletée du soir lui allait bien.

"Elle peut s'asseoir où elle veut. La bibliothèque lui appartient chaque fois qu'elle veut l'utiliser."

Barbara pensait qu'elle préférerait la bibliothèque. En partant, elle ne put s'empêcher de voir sur le visage de Fanny une expression suppliante qui l'aurait gardée avec elle. Elle pensa : Elle ne veut pas être seule avec lui.

Elle jugea préférable d'ignorer ce regard.

Elle était restée environ une heure dans la bibliothèque ; elle avait écrit ses lettres et choisi un livre, s'était recroquevillée dans le grand fauteuil en cuir et était en train de lire lorsque M. Waddington entra. Il ne fit pas attention à elle au début, mais s'installa à la table d'écriture, lui tournant le dos. . Il voudrait bien sûr qu'elle parte. Elle se détendit et se dirigea tranquillement vers la porte.

M. Waddington leva les yeux.

"Tu n'as pas besoin d'y aller", dit-il.

Quelque chose dans son visage la fit se demander si elle devait rester. Elle se souvint qu'elle était la compagne de Mme Waddington.

"Mme Waddington voudra peut-être de moi."

"Mme Waddington est allée se coucher… N'y allez pas, à moins que vous ne soyez fatiguée. Je mets mes pensées sur papier et j'aurai peut-être besoin de vous."

Elle se souvenait qu'elle était la secrétaire de M. Waddington.

Elle retourna à sa chaise. C'était seulement son visage qui l'avait fait réfléchir. Son grand dos, courbé vers sa tâche, était là comme un autre personnage ; absorbé et impassible, il les chaperonnait. De temps en temps, elle entendait de brefs égratignures de son stylo alors qu'il réfléchissait. Il était dix heures.

Lorsque la demi-heure sonna, M. Waddington poussa un gros « Ha ! » d'irritation et je me levai.

"Cela ne sert à rien", dit-il. "Je ne suis pas en forme ce soir. Je suppose que c'est le voyage."

Il s'approcha de la cheminée et s'assit lourdement sur la chaise d'en face. Barbara était consciente de ses yeux, la considérant, l'évaluant.

"Ma femme me dit qu'elle a passé un moment délicieux avec toi."

"J'ai passé un moment délicieux avec elle."

"Je suis content. Ma femme est une femme très charmante; mais, vous savez, il ne faut pas prendre trop au sérieux tout ce qu'elle dit."

"Je ne le ferai pas. Je ne suis pas moi-même une personne très sérieuse."

"Ne dis pas ça. Ne dis pas ça."

"Très bien. Je pense que si tu ne veux pas de moi, je te dirai bonsoir."

"Sérieusement?"

"Sérieusement."

Il s'était levé comme elle se levait et allait lui ouvrir la porte. Il l'accompagna à travers le fumoir et resta là, devant la porte la plus éloignée, lui tendant la main, bienveillante et superbement solennelle.

« Bonne nuit, alors », dit-il.

Elle se disait qu'elle avait tort, très tort à propos de sa pauvre vieille tête. Il n'y avait rien là-dedans, rien que cette bénignité grave et sans aventure. Son humeur avait été, jugeait-elle, purement paternelle. Paternel et enfantin aussi ; pathétique, si l'on y pense, de s'accrocher à sa présence, à sa compagnie. "Cela devait être mon petit esprit maléfique", pensa-t-elle.

3

En longeant le couloir, elle se souvint qu'elle avait laissé son tricot dans le salon. Elle se tourna pour le chercher et trouva Fanny toujours là, bien éveillée, les pieds sur le pare-chocs, et lisant « Tono-Bungay ».

"Oh, Mme Waddington, je pensais que vous étiez allée vous coucher."

"Moi aussi, chérie. Mais j'ai changé d'avis quand je me suis retrouvé seul avec Wells. Il est trop divin pour les mots."

Barbara l'a alors vu en un éclair. Elle savait pourquoi elle, la compagne et secrétaire, était là. Elle était là pour l'éloigner d'elle, afin que Fanny ait plus de temps pour se retrouver seule.

Elle a tout vu.

"'Tono-Bungay'", a-t-elle déclaré. "C'est pour *cela* que vous m'avez envoyé
avec   M.
Bevan ?"

"C'était vrai. Comme tu es intelligente, Barbara."

IV

1

M. Waddington a fermé la porte à Miss Madden lentement et doucement afin que cette action ne lui paraisse pas dédaigneuse. Il alluma ensuite les lumières près de la cheminée et resta là, se regardant dans la vitre. Il voulait savoir exactement comment son visage s'était présenté à Miss Madden. Ce ne serait pas tout à fait ce qu'il lui semblait ; car le verre, contrairement aux yeux clairs de la jeune fille, était un médium exagéré et déformant ; il avait remarqué que le visage de sa femme, dans la vitre du fumoir, paraissait dix bonnes années plus vieux que celui qu'il connaissait ; il calcula donc que cette légère teinte verdâtre, cette grimace de vieillesse légèrement déséquilibrée n'étaient pas des rendus fidèles de son teint et de son sourire. Et comme (en dépit de ces défauts, qu'on pouvait attribuer au verre) le visage que vit M. Waddington était toujours celui d'un bel homme, il se fit une opinion très favorable du visage que Miss Madden avait vu. Beau, et si ce n'est dans sa première jeunesse, du moins dans sa seconde. L'expérience est elle-même une fascination, et si un homme a le moindre charme, sa seconde jeunesse devrait être plus charmante, plus irrésistiblement fascinante que la première.

Et l'enfant était conscient de sa présence. Elle avait trahi un malaise, un sentiment de danger, lorsqu'elle s'était retrouvée seule avec lui. Il se souvenait de sa première tentative de vol, de son hésitation. Il aurait aimé la garder un peu plus longtemps auprès de lui, lui parler de sa Ligue, tester par quelques questions astucieuses ses capacités.

Vaut mieux pas. Vaut mieux pas. L'enfant était sage et avait raison. Sa sagesse et sa rectitude étaient délicieuses pour M. Waddington, et plus encore l'idée qu'elle l'avait senti dangereux.

Il retourna dans sa bibliothèque, se rassit sur sa chaise et médita : Cette expérience de Fanny maintenant ; il se demandait comment cela se passerait, surtout si Fanny voulait vraiment adopter la fille, la fille de Frank Madden. Ce comédien social impudent avait été si offensant envers M. Waddington au cours de sa vie qu'il y avait quelque chose de séduisant dans l'idée de garder sa fille maintenant qu'il était mort, voyant cette petite chose exquise dépendre de lui pour tout, pour la nourriture et les robes. et de l'argent de poche. Mais sans doute avaient-ils été sages de lui confier le secrétariat avant de s'engager dans l'irrécupérable démarche ; la testant ainsi dans une relation qui pourrait facilement prendre fin si par hasard elle s'avérait embarrassante.

Mais la relation en elle-même était, comme le disait M. Waddington, un peu difficile et délicate. Cela impliquait une intimité, une intimité plus proche que l'adoption : l'avoir là dans sa bibliothèque à toute heure pour travailler avec lui ; et toujours cette petite conscience inquiète qui est la sienne.

Eh bien, eh bien, il avait donné le ton ce soir à tous leurs futurs rapports ; il lui avait fait voir de la manière la plus délicate possible. Il lui sembla, en y repensant, qu'il avait fait preuve d'un tact parfait, en se séparant d'elle avec cet air de gaieté et de badinage léger que lui suggérait si heureusement son instinct de conservation. Pourtant, il sourit en se souvenant de son regard alors qu'elle s'éloignait de lui, reculant, reculant, vers la porte ; cela le faisait se sentir très tendre et chevaleresque ; vertueux aussi, comme s'il avait surmonté quelque impulsion imprévue et ruineuse. Et pendant tout ce temps, il n'avait eu aucune autre impulsion que l'envie de parler à un étranger intelligent et attirant, de parler de sa Ligue.

M. Waddington s'est couché en y réfléchissant. Il a même réveillé sa femme de son sommeil en lui demandant de lui rappeler d'appeler à Underwoods tôt le matin.

2

Dès qu'il fut réveillé, il pensa à Underwoods. Underwoods était important. Il devait rassembler le comté, et il ne pouvait pas le faire sans consulter au préalable Sir John Corbett, d'Underwoods. Pour une question de forme, une simple question de forme, bien entendu, il lui faudrait le consulter.

Mais plus il y réfléchissait, moins l'idée de consulter qui que ce soit lui plaisait. Il craignait désespérément que, s'il commençait à laisser entrer les gens, son projet, sa Ligue, ne lui soit enlevé ; et que la chose appropriée, la chose gracieuse, la chose à laquelle il serait poussé par tous ses instincts et ses traditions, serait de prendre modestement du recul et de le voir se dérouler. Probablement entre les mains de Sir John Corbett. Et il ne pouvait pas. Il ne pouvait pas. Pourtant, il était clair que la Ligue, justement parce qu'elle était une Ligue, devait avoir des membres ; même s'il avait été prêt à contribuer lui-même à tous les fonds et à s'en charger seul, il ne pouvait pas s'agir uniquement de M. Waddington de Wyck. Son problème était subtil et difficile : comment s'identifier à la Ligue, lui seul, d'une manière unique et indissoluble, tout en y attirant les soutiens nécessaires ? Comment contrôler chaque détail de son fonctionnement complexe (il y aurait des roues sans fin dans les roues), et en même temps donner les pouvoirs appropriés à l'inévitable Comité ? S'il ne l'exprimait pas aussi crûment que Fanny dans sa désagréable ironie, son problème se résumait ainsi : comment diviser le travail et pourtant engranger tout le mérite ?

Il fut sauvé de cette pression immédiate par la vue de l'enveloppe qui l'attendait sur la table du petit déjeuner, adressée d'une main familière.

"Mme Levitt—" Son émotion se trahit à Barbara dans un étrange sourire furtif mais triomphant.

"Encore?" dit Fanny. (Il n'y avait pas de fin à la femme et à ses lettres.)

Mme Levitt a demandé à M. Waddington de lui rendre visite ce matin-là à onze heures. Il y avait une question sur laquelle elle désirait le consulter. La brièveté de la note révélait sa confiance dans sa complaisance, confiance qui impliquait encore une certaine intimité. M. Waddington l'a lu à haute voix pour montrer à quel point sa communion avec Mme Levitt était inoffensive et ouverte.

"Y a-t-il une question sur laquelle elle ne vous a pas consulté ?"

— Il semble qu'il y en ait eu une. Et, comme vous le voyez, elle est en train de réparer l'omission.

Un air léger, un air léger, pour emporter Mme Levitt. L'air léger qui avait emporté Barbara, qui avait fait s'emporter Barbara la nuit précédente. (Ça avait fait du bien. Ce matin la jeune fille était de nouveau toute à l'aise et dans une inconscience innocente.)

"Et je suppose que tu y vas ?" dit Fanny.

"Je suppose que je devrai y aller."

"Alors j'aurai Barbara pour moi toute la matinée ?"

"Tu auras Barbara pour toi toute la journée."

Il essaya ainsi, avec plaisanterie, de faire comprendre, pour le bien de Barbara, son indifférence à l'idée de l'avoir. Cela lui faisait quand même plaisir de prononcer son nom ainsi : « Barbara ».

Il n'était pas sûr d'avoir envie d'aller voir Mme Levitt avec toutes ces affaires de la Ligue à portée de main. Cela signifiait repousser Sir John. On ne pouvait pas faire Sir John *et* Mme Levitt en une matinée. D'ailleurs, il croyait savoir ce que voulait Mme Levitt, et il se disait que cette fois il serait obligé, pour une fois, de la refuser.

Mais il n'était pas dans ses capacités de refuser d'aller la voir. Alors il est parti.

Alors qu'il remontait l'allée du parc jusqu'à la ville, il se souvint avec une émotion nettement agréable de la première fois qu'il avait rencontré Mme Levitt, de la vision de la petite dame intelligente qui s'était tenue là près de la porte intérieure, la porte qui menait du parc à l'intérieur. sur le terrain, attendant son approche avec une confiance heureuse. Il se souvint de son sourire, de ses dents blanches comme du lait sur un visage blanc ivoire, et de son attaque franche : « Pardonnez-moi si j'empiète sur la propriété. Ils m'ont dit qu'il y avait un droit de passage. Il se souvenait de sa charmante méfiance, du respect naïf pour ses « motifs » qui l'avaient obligé à l'escorter personnellement à travers eux ; ses attitudes d'admiration alors que le Manoir déferlait sur elle depuis sa baie dans les hêtres ; l'intérêt qu'elle avait manifesté pour sa date et son architecture ; et comment, racontant cet agréable entretien, il l'avait accompagnée jusqu'à la porte la plus éloignée qui menait au village de Lower Wyck ; et comment elle l'avait défié là avec son "Vous devez être M. Waddington de Wyck", et avait conclu son aveu par "Je suis Mme Levitt". Ce à quoi il avait répondu qu'il était ravi.

Et la fois d'après – Partridge l'avait discrètement conduite dans la bibliothèque – lorsqu'elle l'avait appelé pour le supplier d'obtenir une exemption pour son fils Toby ; ses yeux noirs, brillants et grands derrière les larmes ; et son cri : « Je suis une veuve de guerre, M. Waddington, et il est mon unique enfant ; » la flatterie de sa conviction que lui, M. Waddington de Wyck, détenait le pouvoir principal sur le tribunal (et en effet, il aurait été insensé de prétendre qu'il n'avait pas de pouvoir, qu'il ne pouvait pas « le faire fonctionner » s'il le voulait). Et la troisième fois, après qu'il eut « travaillé », et elle était venue le remercier. Des larmes encore ; la pression d'une main rondelette et blanche comme l'ivoire ; un souvenir picotant et délicieux.

Après cela, ses efforts inlassables pour obtenir un travail de guerre pour Toby. Il y avait eu des difficultés, nécessitant de nombreuses visites à Mme Levitt dans la petite maison de la place du marché de Wyck-on-the-Hill ; mais à la fin il avait eu la même expérience enivrante de son pouvoir, toutes les obstructions tombant devant M. Waddington de Wyck.

Et cette année, lorsque Toby a finalement été démobilisée, il était tout naturel qu'elle fasse à nouveau appel à l'influence de M. Waddington pour lui procurer un poste permanent pour la paix. Il l'avait compris ; et cela signifiait plus de visites et plus de gratitude ; jusqu'à ce qu'il soit là, attaché à Mme Levitt par le lien indissoluble de ses bienfaits. Il était même attaché à son fils Toby, dont l'existence, sans parler de son activité à la banque de M. Bostock à Wyck, était un perpétuel hommage à son pouvoir. M. Waddington n'avait pas la même complaisance en pensant à son propre fils Horace ; mais alors l'existence d'Horace et son activité n'étaient pas un hommage mais une menace, un danger permanent, non seulement pour son pouvoir mais pour sa fascination, son sentiment de personnalité encore jeune, toujours brillante et efficace. (Horace a hérité du déplorable manque de sérieux de sa mère.) Et c'était dans la société de Mme Levitt que M. Waddington était le plus conscient de sa jeunesse, de son éclat et de son effet. Avec un agréable sentiment d'anticipation, il gravit les pentes de Sheep Street et de Park Street, et ainsi de suite jusqu'à la place.

La maison, enveloppée de lierre, se cachait discrètement dans le coin le plus éloigné, derrière les deux grands ormes du Green. Mme Trinder, la propriétaire, avait la tête inclinée et un sourire qui le reconnaissait comme M. Waddington de Wyck et le bienfaiteur de Mme Levitt.

Et tandis qu'il attendait dans la pièce basse et sombre, il se rappela qu'il était venu refuser sa demande. Si, comme il le soupçonnait, c'était la maison des Ballinger qu'elle voulait. Certes, les Ballinger avaient reçu un préavis de démission en juin, mais il ne pouvait pas très bien les expulser s'ils voulaient rester, alors qu'il n'y avait pas de maison décente dans la ville où les accueillir. Il devrait le dire très clairement à Mme Levitt.

Non pas qu'il approuvait Ballinger. Cet individu, l'un de ses meilleurs ouvriers agricoles, s'était comporté de façon infâme, exigeant d'abord des salaires absurdes, puis, simplement parce que M. Waddington avait refusé de se laisser intimider, il avait quitté son service pour celui du colonel Grainger. Le colonel Grainger s'était comporté de manière infâme, en achetant la Foss Bank avec l'argent qu'il avait gagné grâce aux explosifs puissants, puis en laissant s'échapper son maudit socialisme dans tout le comté. Ne sachant rien, remarquez bien, des conditions locales, et augmentant effectivement le taux des salaires sans consulter personne, et contrariant les ouvriers agricoles à des kilomètres à la ronde. À une époque où la prospérité du pays tout entier dépendait des agriculteurs. Pourtant, M. Waddington n'était pas homme à se venger de ses inférieurs. Il n'a pas blâmé Ballinger ; il a blâmé le colonel Grainger. Il aimerait voir Grainger boycotté par tout le comté.

La porte s'ouvrit. Il s'avança à grands pas et se retrouva à tendre soudain une main fervente à une dame qui n'était pas Mme Levitt. Il s'arrêta, transformant son geste en une révérence, plutôt inutilement cérémonieuse ; mais il ne pouvait annihiler instantanément toute cette ferveur.

"Je suis la sœur de Mme Levitt, Mme Rickards. M. Waddington, n'est-ce pas ? Je vais dire à Elise que vous êtes ici. Je sais qu'elle sera heureuse de vous voir. Elle a été très bouleversée."

Elle resta debout devant lui assez longtemps pour qu'il ait conscience d'un buste saillant, d'une serge blanche, d'une élégance, de cheveux cuivrés violacés, d'un panama ratissant, de sourcils, d'un sourire fardé et d'une odeur d'iris. Avant qu'il puisse comprendre le lien avec Mme Levitt, cette silhouette étonnante avait disparu et avait cédé la place à un tapotement de talons et à un rire furtif et bagarré dans les escaliers extérieurs. Un rire strident – ça doit être Mme Rickards – un long Chut-sh-sh ! Puis le claquement de la porte d'entrée couvrant la retraite de la dame, et Mme Levitt entra, étouffant la gaieté sous un minuscule mouchoir de poche.

Il l'a alors pris. C'étaient des sœurs, Mme Rickards et Elise Levitt. Elise, si l'on voulait être critique, avait les mêmes défauts : jambes courtes, hanches lâches ; les mêmes exagérations : les seins basculants soutenus par les tiges de ses baleines. Pas du goût de M. Waddington. Et pourtant… et pourtant Elise avait réussi à créer un effet charmant et bel avec les yeux noirs et les dents blanches comme du lait dans le visage blanc ivoire. Le jeu des sourcils noirs vous distrayait de la courbure équine du nez qui jaillissait entre eux ; les mouvements de sa bouche, l'éclair blanc de son sourire faisaient oublier sa maigreur et sa dureté et la légère lourdeur de sa mâchoire. Quelque chose d'étranger chez elle. Quelque chose de français. Piquant. Et puis, ses vêtements. Mme Levitt portait un manteau et une jupe, la serge blanche de sa sœur avec une distinction, une rayure grisâtre ou quelque chose comme ça ; une rectitude nette qui raidissait et affinait son exubérance. Un bijou, un morceau d'or, et elle aurait pu être vulgaire. Mais non. Il pensa : elle sait ce qui lui convient. Pureté immaculée des gants blancs, des chaussures blanches, du panama blanc ; et les points noirs du ruban, de ses sourcils, de ses yeux et de ses cheveux. Après tout, le genre de femme avec laquelle M. Waddington aimait être vu se promener. Elle le faisait se sentir mince.

"Mon *cher* M. Waddington, comme c'est gentil de votre part !"

"Ma chère Mme Levitt, toujours ravie, quand c'est possible, de faire n'importe quoi."

Tandis qu'elle le couvrait de ses yeux brillants, il resserra ses épaules et resta ferme, tandis que son esprit se préparait à résister à la persuasion. Si c'était la maison des Ballinger...

« J'ai vraiment honte de moi. Il semble que je ne vous envoie jamais chercher à moins d'avoir des ennuis.

"N'est-ce pas le moment ?" Sa voix s'épaissit. « Tant que vous envoyez... » Il pensa : ce n'est donc pas la maison des Ballinger.

"C'est de ta faute. Tu as toujours été si bon, si gentil. Pour mon pauvre Toby."

"Rien à voir avec Toby, j'espère, le problème ?"

"Oh, non. Non. Et pourtant, d'une certaine manière, c'est le cas. J'ai bien peur, M. Waddington, de devoir partir."

"Partir ? Quitter Wyck ?"

"Pars, cher Wyck."

"Pas sérieusement?"

Il n'était pas préparé à ça. L'idée l'a frappé durement dans un endroit qu'il n'avait pas trouvé tendre.

"Très sérieusement."

"Cher moi. C'est très pénible. Très pénible en effet. Mais vous ne feriez pas une telle démarche sans consulter vos amis ?"

"Je *vous* consulte."

"Oui, oui. Mais y avez-vous bien réfléchi ?"

"Réfléchir ne sert à rien. Je vais devoir le faire, à moins que quelque chose puisse être fait."

Il pensa : « Des difficultés financières. Des dettes. Une dame chère. A moins qu'on puisse faire quelque chose ? Il ne savait pas qu'il était exactement prêt à le faire. Mais sa langue répondit malgré lui.

"Il faut faire quelque chose. Nous ne pouvons pas vous laisser partir comme ça, ma chère dame."

"C'est ça. Je ne vois pas comment je *pourrais* y aller, avec ce cher Toby ici. Ni comment
je dois rester."

« Ne veux-tu pas me dire quel est le problème ?

"Le problème, c'est que le fils de Mme Trinder vient d'être démobilisé et qu'elle veut nos chambres pour sa femme et sa famille."

"Viens, nous pouvons sûrement trouver d'autres chambres."

"Tous les meilleurs sont pris. Il ne reste plus rien dans lequel j'aimerais vivre… En plus, ce ne sont pas des chambres que je veux, M. Waddington, c'est une maison."

C'était, bien sûr, la maison des Ballinger. Mais elle ne pouvait pas l'avoir. Elle ne pouvait pas l'avoir.

" Cela ne me dérangerait pas qu'elle soit petite. Si seulement j'avais ma propre petite maison. Vous ne savez pas, M. Waddington, ce que c'est que d'être sans votre propre maison. Je n'ai pas eu de maison. " à la maison depuis des années. Pas depuis la guerre.

"J'ai bien peur", a déclaré M. Waddington, "à l'heure actuelle, il n'y a pas de maison pour vous à Wyck."

Il réfléchissait sérieusement, comme s'il essayait d'imaginer, de créer à partir de rien, une maison pour elle et un foyer.

"Non. Mais je comprends que les Ballinger partiront en juin. Vous avez dit qu'à tout moment, si vous aviez une maison, je devrais l'avoir."

"J'ai dit une maison, Mme Levitt, pas un cottage."

"C'est pareil pour moi. La maison des Ballinger pourrait être transformée en une adorable petite maison."

"C'est possible. Avec quelques centaines d'euros dépensés dessus."

"Eh bien, vous amélioreriez votre propriété, n'est-ce pas ? Et vous la récupéreriez grâce à un loyer plus élevé."

"Je ne pense pas récupérer quoi que ce soit. Et rien ne me ferait plus plaisir. Seulement, voyez-vous, je ne peux pas vraiment virer Ballinger tant qu'il se comporte bien."

"Je ne le laisserais pas se montrer pour rien au monde… Mais considérez-vous que Ballinger *s'est* bien comporté ?"

" Eh bien, il m'a peut-être joué un sale tour quand il est allé chez Grainger ; mais si Grainger peut se permettre de le payer, je n'ai pas le droit de m'opposer à son achat. Ce n'est pas une raison pour expulser cet homme. ".

"Je ne vois pas comment il peut s'attendre à ce que vous lui refusiez un bon locataire."

"Je le dois si je n'ai pas une bonne maison où le mettre."

"Il ne s'y attend pas, M. Waddington. Ne lui avez-vous pas prévenu en décembre ?"

"Une simple question de forme. Il sait qu'il peut rester s'il n'a nulle part où aller."

"Alors pourquoi," dit Mme Levitt, "dit-il qu'il vous met au défi de laisser le cottage au-dessus de sa tête ?"

"Est-ce qu'il ? Est-ce qu'il dit ça ?"

"Il dit qu'il vous paiera. Il vous convoquera. Il a été très abusif."

Le visage de M. Waddington était enflé par la rougeur colérique qui submergeait sa géniale fatuité.

"Il semble que quelqu'un lui ait dit que vous alliez rénover le cottage et le louer pour un loyer plus élevé."

"Je ne sais pas qui a pu propager cette histoire."

"Je vous assure, M. Waddington, ce n'était pas moi !"

"Ma chère Mme Levitt, bien sûr… Je ne dirai pas que je n'y pensais pas, et que je ne l'aurais pas fait si j'avais pu me débarrasser de Ballinger…." Il a médité.

"Je ne vois pas pourquoi je ne me débarrasserais pas de lui. S'il me défie, le canaille, il le demande simplement. Et il l'aura."

"Oh, mais je ne voudrais pas qu'il soit jeté dans la rue. Avec sa femme et ses bébés."

"Ma chère dame, je ne les mettrai pas dans la rue. Je ne devrais pas y être autorisé. Il y a un cottage à Lower Wyck où ils peuvent entrer. Celui qu'il avait quand il est venu me voir pour la première fois."

Il se demandait pourquoi il n'y avait pas pensé plus tôt. Ce n'était pas, en l'état, un cottage décent ; mais s'il était prêt à y consacrer une cinquantaine de livres, il pourrait le rendre habitable ; et, par George, il *était* prêt, ne serait-ce que pour donner une leçon à Ballinger. Car cela signifiait que Ballinger devait marcher chaque jour un kilomètre supplémentaire pour se rendre à son travail. Servez-le bien, ce coquin impudent.

"Le pauvre, il n'aura pas son joli jardin", dit Mme Levitt.

"Il ne le fera pas. Ballinger doit apprendre", a déclaré M. Waddington avec une sévérité magistrale, "qu'il ne peut pas tout avoir. Il ne peut certainement pas avoir les deux. M'insulter et me menacer et espérer des faveurs. Il peut y aller... au colonel Grainger.

"Si cela *doit vraiment* arriver", dit Mme Levitt, "voulez-vous dire que je peux avoir la maison ?"

"Je ne serai que trop ravi d'avoir un locataire aussi charmant."

"Eh bien, je ne vais pas vous menacer, vous maltraiter et vous insulter de tous les mauvais noms possibles. Et vous ne le ferez pas, vous *ne* me renverrez pas à la fin de mon bail ?"

Il s'inclina devant la main qu'elle lui tendait.

"Vous ne serez jamais expulsé tant que vous voudrez rester."

Vers midi, ils avaient réglé les détails ; M. Waddington devait aménager une salle de bains ; réunir les deux pièces du rez-de-chaussée en une seule ; construire un nouveau salon avec une chambre au-dessus ; et peindre et détremper le lieu, en blanc crème, partout. Et elle devait s'appeler la Maison Blanche. Au moment où ils en eurent fini, le cottage de Ballinger était devenu la maison dont Mme Levitt avait rêvé toute sa vie, et un peu comme la maison dont M. Waddington avait rêvé à ce moment-là (pendant qu'il planifiait la salle de bain) ; la petite maison bijou où habitait une dame adorable mais pas trop rigoureusement morale... Il s'arrêta dans un sursaut mental, honteux. Il n'avait aucune raison de supposer qu'Elise était ou deviendrait une telle dame.

Et la pauvre femme innocente disait : « Juste une chose, M. Waddington, le loyer ?

(Aucune raison terrestre.) "Nous pourrons en reparler une autre fois. Je ne serai pas dur avec toi."

Non, il ne serait pas dur avec elle. Mais dans cet autre cas, il n'y aurait pas eu de loyer du tout.

En quittant la maison, il vit Mme Rickards se précipiter vers elle, de l'autre côté de la place.

"Elle se dandine comme un canard", pensa-t-il. Le mouvement suggérait une excitation et une curiosité plébéienne qui lui déplaisaient. Il se souvint de son visage. Son visage extraordinaire. "C'est bien assez, pensa-t-il, pour me mettre tout ça dans la tête. Pauvre Elise."

Il aimait penser à elle. Cela lui faisait ressentir ce qu'il avait ressenti la nuit dernière à propos de Barbara Madden – vertueuse – comme s'il avait lutté et vaincu une passion impétueuse. Il fut si touché de son beau renoncement que lorsqu'il trouva Fanny travaillant dans le jardin, il en ressentit une soudaine tendresse pour elle. Elle le regarda depuis son lit de pensées et rit. "Pourquoi as-tu l'air si sentimental, vieille chose ?"

3

L'affaire de Mme Levitt étant réglée, il pouvait désormais consacrer tout son temps aux affaires sérieuses de la journée.

Il était extrêmement impatient d'en finir. Rien ne pourrait être plus troublant que la suggestion de Fanny selon laquelle le nom de Sir John Corbett pourrait avoir plus de poids auprès de son comité que le sien. Les Waddingtons de Wyck avaient une ascendance. Waddingtons détenait Lower Wyck Manor depuis dix générations, tandis que le père de Sir John Corbett avait acheté Underwoods et l'avait reconstruit quelque part dans les années soixante-dix. D'un autre côté, Sir John était le propriétaire foncier le plus grand et le plus riche de la région. Il pourrait racheter Wyck-on-the-Hill demain et prospérer grâce à cette transaction. Il représentait donc les plus grands intérêts particuliers. Et comme tout l'objet de la Ligue était la sauvegarde des intérêts particuliers, en d'autres termes, de la liberté, cette liberté britannique qui est liée à la loi et à l'ordre, à la propriété privée en général et à la propriété foncière en particulier. ; comme le principe même de son existence était la préservation d'une institution telle que Sir John lui-même, le Comité de la branche Wyck de la Ligue ne pouvait guère éviter de l'inviter à en être le président. Il était indéniable, et Fanny ne l'avait pas fait, que Sir John était la bonne personne. La plupart des suggestions de Fanny contenaient une part de bon sens forte mais désagréable.

Mais plus il s'intéressait à la Ligue, plus il se jetait avec passion dans les affaires de sa création, plus M. Waddington répugnait à l'idée que la place principale, la présidence, passerait au-dessus de sa tête à Sir. John.

Son seul espoir résidait dans l'indolence et l'irresponsabilité bien connues de Sir John. Sir John était la réaction épuisée des efforts d'un grand-père autodidacte et d'un père dépensier en énergie ; il avait tout fait pour lui depuis qu'il était bébé et, par conséquent, il ne pouvait ou ne voulait plus faire quoi que ce soit pour lui-même ou pour les autres. On ne le voyait pas prendre une part active à la direction de la Ligue, et M. Waddington ne se voyait pas faire tout le travail et remettre toute la gloire à Sir John. Pourtant, entre M. Waddington et la gloire, il n'y avait que cette figure allongée de Sir John, et Sir John une fois hors course, il pouvait compter sans impudeur sur le vote unanime de tout comité qu'il formait à Wyck.

Il était possible que même un Sir John Corbett ne puisse pas vraiment le transporter sur un Waddington of Wyck, mais M. Waddington ne prenait aucun risque. Ce qu'il devait faire, c'était proposer la présidence à Sir John de telle manière qu'il soit certain de la refuser.

Il eut la chance de trouver Sir John seul dans sa bibliothèque à l'heure du thé, en train de manger des toasts chauds beurrés.

Il y avait de l'espoir pour M. Waddington dans l'attitude de Sir John, allongé et soignant son petit ventre rond, de l'espoir dans l'éclat chaud et beurré de ses joues, dans sa bouche large, paresseuse sous la moustache grise saillante, et dans le grattage de ses lèvres. petites jambes alors qu'il s'efforçait de se tenir debout.

"Eh bien, Waddington, je suis content de te voir."

Il était de nouveau sur sa chaise. Avec un autre effort prodigieux, il se pencha en avant et sonna pour demander encore du thé et des toasts.

"As-tu marché ?" » dit Sir John. Ses petits yeux ronds exprimaient l'horreur face à cette possibilité.

"Non, je viens de rentrer dans ma voiture."

"Vous avez conduit?"

"Non. Trop d'effort d'attention. Je trouve que cela interfère avec ma réflexion."

"Interfère avec tout", a déclaré Sir John. "'Spect, tu as suffisamment conduit pendant la guerre pour durer toute ta vie."

" Ah, service gouvernemental. C'est une chose bien différente. Cela me rappelle : je suis venu aujourd'hui vous consulter sur une question d'affaires publiques. "

"Entreprise?" (Il remarqua la moue inquiète de Sir John.) "Mieux vaut d'abord prendre du thé." Sir John prit un autre morceau de pain grillé beurré.

Si seulement Sir John pouvait continuer à manger. Rien de tel qu'une tartine beurrée pour entretenir cette ambiance d'inertie voluptueuse.

Lorsque M. Waddington jugea le moment propice, il commença. "Pendant que j'étais à Londres, j'ai eu le plaisir de déjeuner avec Sir Maurice Gedge. Il veut que je crée ici une branche de la National League of Liberty."

"Liberty ? Je n'aurais pas dû penser que cela faisait grand-chose dans ton domaine. Je ne m'attendais pas à te voir agiter le drapeau rouge, quoi ? Pourquoi ne l'as-tu pas confié à notre ami Grainger ?"

« Mon cher Corbett, à quoi pensez-vous ? Le but de la Ligue est de réprimer toutes ces sortes de choses – le socialisme, le bolchevisme –, de soulever le pays tout entier et de le rendre solide pour l'ordre et le bon gouvernement.

"H'm. Vraiment ? Bizarre sorte de titre pour quelque chose de ce genre : League   of
Liberty, quoi ?"

M. Waddington leva le poing fermé. Déjà en esprit, il était sur sa plateforme. "Exactement le titre qu'il nous faut. Le peuple veut la liberté, il l'a toujours voulu. Nous leur laisserons l'avoir. La vraie liberté. La liberté britannique. Je vous le dis, Corbett, nous sommes contre la tyrannie des minorités travaillistes. Vous et moi et tous les hommes qui ont une quelconque position et une quelconque influence, nous devons veiller à ce que nous n'ayons pas de révolution, de communisme et de gouvernement soviétique ici.

"Allez, tu ne penses pas que les Bolshies soient aussi forts que ça, n'est-ce pas ?"

M. Waddington abattit du poing le bras de son fauteuil. "Je *sais* qu'ils le sont", a-t-il déclaré. " Et regardez ici : s'ils prennent le dessus, ce sont les grands capitalistes, les grands propriétaires, les grands propriétaires terriens comme vous et moi, Corbett, qui seront les premiers à souffrir... Eh bien, nous souffrons comme ça. c'est, ici à Wyck, avec le peu que notre camarade Grainger peut faire. Le temps viendra, remarquez-moi, où nous ne pourrons plus recruter un seul ouvrier pour un salaire équitable. Saignez-nous à blanc, Corbett, avant qu'ils n'en aient fini avec nous, si nous ne prenons pas position, et prenez-le maintenant.

"C'est à cela que sert la Ligue, établir une norme, quelque chose que nous pouvons souligner et dire : ce sont les principes que nous défendons. Quelque chose qui puisse rallier tout le pays. Nous aurons besoin de votre soutien..."

"Je serai très heureux - tout ce que je peux faire -"

M. Waddington fut un peu troublé par cet acquiescement immédiat.

" Attention, cela ne va pas s'arrêter ici, à Wyck. Je le commencerai d'abord à Wyck ; puis je l'emmènerai directement dans les grandes villes, Gloucester, Cheltenham, Cirencester, Nailsworth, Stroud. Nous nous installerons " ça va jusqu'à ce que nous ayons une succursale dans chaque ville et chaque village du comté.

Il pensa : « Cela devrait le calmer. » Il avait créé une vision d'activité intolérable.

"Bénissez-moi", dit Sir John, "vous avez du pain sur la planche."

"Bien sûr, je devrai d'abord créer un comité local. Je ne peux pas prendre une telle mesure sans vous consulter."

Sir John marmonna quelque chose qui ressemblait à "Très bien de votre part, j'en suis sûr."

"Pas plus que mon devoir envers la Ligue. Maintenant, le fait est que Sir Maurice tenait à ce que *je* sois président de cette branche locale. Elle a besoin de quelqu'un d'énergie et de détermination - le travail du président, certainement, sera fait pour lui. ... et j'en suis très convaincu, et je pense que mon comité estimera que *vous* , Corbett, êtes la bonne personne.

"Hmm."

"Je ne pensais pas que je devrais être justifié d'aller plus loin sans avoir au préalable obtenu votre consentement."

"Nous-euh..."

L'anxiété de M. Waddington était presque insupportable. Le programme avait manifestement séduit Sir John. Et si, après tout, il acceptait ?

"Je ne vous demanderais pas d'entreprendre quelque chose d'aussi—aussi ardu, mais cela me renforcerait auprès de mon Comité; en fait, je pourrais avoir un Comité beaucoup plus fort et plus influent si je peux venir vers eux et leur dire au préalable que vous avez consenti à être président. »

"Cela ne me dérange pas d'être président", a déclaré Sir John, "si je n'ai rien à faire."

"J'ai peur... j'ai *peur que* nous ne puissions pas vous permettre d'être une simple figure de proue."

"Mais les présidents sont toujours des figures de proue, n'est-ce pas ?"

Il y avait une lueur plaisante dans les yeux de Sir John qui irritait M. Waddington. C'était le pire de Corbett ; on ne pouvait pas lui faire prendre une chose sérieuse au sérieux.

"Quoi qu'il en soit," poursuivit Sir John, "il y a toujours un secrétaire Johnnie qui court partout et fait le travail."

C'était donc l'idée de Corbett : s'asseoir dans son fauteuil et empocher tout le prestige, pendant que lui, Waddington de Wyck, courait partout et faisait le travail.

"Pas dans ce cas. Dans ces petites affaires locales, on ne peut pas déléguer des affaires. Tout dépend de l'activité personnelle du président."

« Tant pis. Que veux-tu dire ?

"Je veux dire ceci. Si Sir John Corbett demande un abonnement, il l'obtient. Nous devons rassembler tout le comté et tous les habitants de la ville et du village. Cela ne sert à rien de leur tirer des brochures depuis une automobile. Ils aiment être personnellement interviewé si Sir John Corbett vient leur parler et leur dit qu'ils doivent adhérer, ils le feront à dix contre un.

"Et il n'y a pas de temps à perdre si nous voulons être les premiers avant que d'autres endroits ne s'en chargent. Cela nécessitera un travail assez intense, jour après jour, pour les rassembler tous."

"Oh, Seigneur, Waddington, *ne le fais pas* . Je suis déjà fatigué à la simple idée de cela."

"Viens, nous ne pouvons pas te fatiguer, Corbett. Eh bien, ce ne sera pas pire, ce ne sera pas aussi mauvais qu'une saison de chasse. Tu es juste l'homme qu'il faut. En forme comme en forme."

"Pas à moitié aussi en forme que j'en ai l'air, Waddington."

"Il y a autre chose : les réunions. Si les affiches disent que Sir John Corbett s'adressera à la réunion, les gens viendront. Si Sir John Corbett parle, ils écouteront."

"Mon cher, c'est réglé. Je ne peux pas parler pour des cinglés. Vous *savez* que je ne peux pas. Je peux présenter un orateur et proposer un vote de remerciement, et c'est à peu près tout ce que je *peux* faire. C'est votre émission, pas la mienne. . *Vous* devriez être président, Waddington. Vous l'apprécierez et moi non.

"Je ne sais pas du tout comment apprécier ça. Ce sera un travail incroyablement dur."

"Précisément."

"Tu ne veux pas dire, Corbett, que tu ne viendras pas avec nous ? Que tu ne viendras pas au Comité ?"

"Je serai d'accord si je n'ai pas besoin de parler et si je n'ai rien à faire. Je ne serai pas très bon, mais je pourrais au moins vous proposer comme président. Vous ne pourriez pas très bien proposez-vous."

"C'est très gentil de ta part."

M. Waddington a fait paraître sa voix désinvolte et indifférente, de sorte qu'il puisse donner l'impression qu'il envisageait la suggestion à titre provisoire et sous réserve. « Il faudra qu'il y ait une grande réunion avant la formation du Comité ou quoi que ce soit. Si je vous laisse quitter la présidence, » dit-il d'un ton enjoué, « prendrez-vous le fauteuil ?

"Pour ce soir-là ?"

"Ce soir-là seulement."

"C'est toi qui parleras?"

"Je vais devoir le faire."

"Très bien, mon cher. J'ose dire que je peux aussi faire venir ma femme dans votre comité. Cela vous aidera à attirer les citadins… Et maintenant, supposons que nous laissions tomber et que nous fumions tranquillement."

Il se remit à faire un effort supplémentaire. "Bien sûr, nous vous enverrons un abonnement, tous les deux."

M. Waddington quitta Underwoods dans un état d'exaltation agréable. Il avait obtenu ce qu'il voulait sans en avoir l'air – sans avoir l'air de jouer pour l'obtenir. Corbett ne l'avait jamais repéré.

Là, il avait tort. A ce moment précis, Sir John racontait l'incident à lady Corbett.

"Et on pouvait voir à chaque fois que le gars le voulait lui-même. Je l'ai mis dans un état de funk affreux, prétendant que j'allais le prendre."

Il admettait tout de même très généreusement que l'idée de la Ligue était « en tête » et que Waddington était l'homme qu'il fallait. Et la souscription que lui et Lady Corbett ont envoyée était également très intéressante. Malheureusement, cela obligea M. Waddington à contribuer une somme un peu plus importante, afin de maintenir son ascendant.

4

Sur le chemin du retour, il s'est rendu à la Old Dower House sur la place pour voir sa mère. Il avait prévu d'y rencontrer Fanny et Barbara Madden et de les reconduire chez elles.

La vieille dame était assise dans son fauteuil, belle, aux yeux sombres encore brillants dans son visage blanc de Romain, un petit visage impérieux, mais doux, doux dans son réseau de fines rainures et de piqûres. Une vieille dame exquise vêtue d'une robe de satin noir et d'un châle blanc brodé, avec une écharpe en chantilly blanche entourant des masses de cheveux blancs enroulés. Elle avait été Miss Postlethwaite, de Medlicott.

« Mon cher garçon, alors tu es revenu ?

Elle se tourna vers son fils avec un doux gémissement de joie, levant les mains pour tenir son visage alors qu'il se penchait pour l'embrasser.

"Comme tu es belle", dit-elle. "C'est Londres ou je reviens à Fanny ?"

"Ça te revient."

"Ah, elle ne t'a pas gâté. Tu sais dire de belles choses à ta vieille mère."

Elle leva les yeux vers lui, vers son visage solennel qui mijotait d'un égoïsme excité. Barbara pouvait voir qu'il jouait — jouant à sa manière lourde et stupide, d'être son jeune, son fils d'à peine vingt-cinq ans. Il se tourna d'un mouvement brusque, sportif et caracolant, pour trouver une chaise pour lui-même. Il était assis dessus maintenant, tout près de sa mère, et elle tenait une de ses grandes mains charnues dans ses fragiles griffes d'oiseau et la tapotait.

De son étude des portraits ancestraux dans la salle à manger du Manoir, Barbara comprit qu'il devait à sa mère la belle structure romaine qui, après tout, soutenait si fièrement son visage à travers ses couches de chair de Waddington. Il avait le nez de Postlethwaite. La vieille dame la regardait, satisfaite de la grave attention de ses yeux.

"Mlle Madden ne peut pas croire qu'une petite femme comme moi puisse avoir un si grand fils", a-t-elle déclaré. "Mais tu vois, il n'est pas grand pour moi. Il n'aura jamais plus de treize ans."

Vous pourriez le voir. S'il n'avait pas vraiment treize ans pour elle, il n'en avait pas un jour de plus que vingt-cinq ; c'était son jeune fils adulte dont les caresses la flattaient.

"Elle me gâte, Miss Madden."

On voyait qu'il lui plaisait de s'asseoir près de ses genoux, de se faire caresser la main et d'être gâté.

"C'est absurde. Maintenant, dites-moi ce qui s'est passé à Underwoods. Est-ce que c'est John Corbett ou vous ?"

"Corbett dit que ce sera moi."

"Je suis content qu'il ait eu autant de bon sens. Eh bien, et maintenant, parle-moi de ta Ligue."

Il lui raconta tout cela et elle resta assise très tranquillement, écoutant, hochant fièrement sa vieille tête en signe d'approbation. Il en a parlé jusqu'à ce qu'il soit temps de partir. Alors la vieille dame s'est agitée.

"Mon cher garçon, tu ne dois pas laisser Kimber te conduire trop vite sur cette colline. Fanny, veux-tu dire à Kimber de faire attention ?"

Son visage tremblait d'anxiété alors qu'elle le lui tendait pour qu'il l'embrasse. A ce moment-là, il était son enfant, s'échappant d'elle, s'en allant imprudemment dans le monde dangereux.

"J'aime aller voir Granny", dit Fanny pendant que Kimber les bordait ensemble dans la voiture. "Elle me fait me sentir jeune."

"Vous pouvez très bien le ressentir", a déclaré M. Waddington. "Il n'y a que les cheveux blancs de ma mère, Miss Madden, qui la font paraître vieille."

«Je pensais», dit Barbara, «qu'elle avait l'air beaucoup plus jeune» - elle allait dire «qu'elle ne l'est» – «que les mères de la plupart des gens.»

« Vous aurez remarqué, dit Fanny, que mon mari est plus jeune que la plupart des gens.

Barbara remarqua qu'il s'était redressé d'un air offensé, anormalement droit. Il n'aimait pas cette discussion sur les âges.

Ils sortaient en courant de la place quand Fanny s'en souvint et s'écria : « Oh, arrête-le, Horatio. Nous devons retourner voir si Ralph vient dîner.

Mais au White Hart, on leur a dit que M. Bevan était « parti à Oxford sur sa moto » et qu'il ne devait pas revenir avant dix heures.

"Désolé, Barbara."

"Je ne vois pas pourquoi vous devriez vous excuser auprès de Miss Madden, ma chère. Je suis convaincu qu'elle peut très bien s'entendre sans lui."

"Elle voudra peut-être quelque chose de plus excitant que toi et moi, parfois."

"Je suis très heureuse", a déclaré Barbara.

"Bien sûr que vous êtes heureux. Ce n'est pas tout le monde qui aime la société de Ralph Bevan. J'ose dire que vous êtes comme moi ; vous trouvez qu'il est un grand obstacle à une conversation sérieuse."

"C'est pourquoi *je* l'apprécie", a déclaré Fanny. "Nous le lui demanderons demain soir."

Barbara rentra son menton dans le col de son manteau. La voiture roulait dans Sheep Street jusqu'à Lower Wyck. Elle regarda distraitement la vallée orientale, les champs de maïs d'un vert délicat et les jachères roses, l'étouffement des arbres sombres, le tout baigné dans le bleu pâle de l'Est, s'étendant jusqu'à la crête bleue.

Cela la rendait heureuse de le regarder. Cela la rendait heureuse de penser à la venue de Ralph Bevan demain. Si cela avait été ce soir, tout aurait été fini en trois heures. Et quelque chose — elle ne savait pas trop quoi, mais elle pensait que c'était peut-être M. Waddington — quelque chose aurait gâché le bonheur de l'événement. Mais maintenant, elle devait y penser, et ses pensées étaient en sécurité. "A quoi penses-tu, Barbara?"

"La vue", a déclaré Barbara. "Je veux le dessiner."

V

1

M. Waddington était dans sa bibliothèque, rédigeant son prospectus sous les yeux de Fanny et Barbara Madden. À la suggestion de Fanny (il reconnaissait magnanimement que c'était une bonne suggestion), il avait décidé de « mettre le cap », comme elle l'appelait, avec le prospectus d'abord, non seulement avant de former son comité, mais avant de tenir sa grande réunion. (On en avait fixé la date pour ce jour du mois, le samedi vingt et unième juin.)

"Vous les présentez dès le début", dit-elle, "avec quelque chose de fixe et de précis sur lequel ils ne peuvent pas revenir." Et en signant le prospectus, Horatio Bysshe Waddington, il l'a identifié sans contestation avec lui-même.

C'est à ce moment-là que Barbara avait commis une erreur.

« Pourquoi, avait-elle dit, devrions-nous nous donner autant de peine et dépenser autant ? Pourquoi ne pouvons-nous pas envoyer le prospectus original ?

"Ma chère Barbara, le prospectus original n'est pas bon."

"Pourquoi pas ?"

"Parce que ce n'est pas le prospectus d'Horatio."

Barbara baissa les yeux et détourna la lumière dangereuse dans les yeux de Fanny.

"Mais il exprime son point de vue, n'est-ce pas ?"

"Ce n'est pas bon quand il veut les exprimer lui-même."

Et loin d'être bon, le prospectus original constituait un obstacle positif pour M. Waddington. Cela lui coupa tout le vent des voiles ; cela lui ôtait, comme il se plaignait à juste titre, les mots mêmes de sa bouche et les idées de sa tête ; cela le gênait et le bouleversait à chaque instant. D'une manière ou d'une autre, il avait dû imprimer sa personnalité sur cette chose. « Ce n'est pas bon, » dit-il ; "s'ils ne peuvent pas le reconnaître comme un appel personnel de MOI." Et le voilà, marqué partout et de manière indélébile des personnalités de Sir Maurice Gedge et de son comité de Londres. Et il ne pouvait pas s'écarter radicalement des lignes qu'ils avaient tracées ; il y avait tellement de choses à dire, et Sir Maurice et son Comité avaient réussi à toutes les dire.

Mais, bien que l'affaire lui ait été confiée, M. Waddington, avant de s'attaquer réellement à son prospectus, s'était conçu comme fournissant sa propre manière nouvelle et inimitable ; le contact joyeux, le virage soudain et saisissant. Mais d'une manière ou d'une autre, ça ne marchait pas comme ça.

Malgré tous ses efforts, il ne pouvait échapper aux virages et aux touches fournis par Sir Maurice Gedge.

"Il aurait été assez facile", dit-il, "de rédiger le prospectus original. Je préférerais mille fois le faire plutôt que d'en écrire un dessus."

Fanny était d'accord. "Il faut que ce *soit* différent", dit-elle, "sans *être* différent".

"Ne pourrions-nous pas," dit Barbara, "le mettre sens dessus dessous ?"

"À l'envers?" Il la regarda avec des yeux de chouette, offensé, la soupçonnant cette fois d'une outrance légèreté.

"Oui. Vraiment à l'envers. Vous voyez, les têtes vont dans cet ordre : Défense de la propriété privée ; Défense du capital ; Défense de la liberté ; Défense du gouvernement ; Défense de l'Empire ; Danger de révolution, de communisme et de bolchevisme ; Devoir de chacun. . Pourquoi ne pas les inverser ? Le devoir de chaque homme ; le danger du bolchevisme, du communisme et de la révolution ; la défense du gouvernement ; la défense du capital ;

"C'est une idée", dit Fanny.

"Ce n'est pas du tout une mauvaise idée", a déclaré M. Waddington. "Vous pourriez retirer les têtes dans cet ordre."

Barbara les démonta, et il fut convenu qu'ils présentaient un aspect très original ainsi inversé ; et, comme Barbara l'a souligné, un ordre était tout aussi logique que l'autre ; et bien que M. Waddington objectât qu'il aurait préféré conclure sur la note du Gouvernement et de l'Empire, il était ouvert à la suggestion que, même si cela pourrait plaire davantage au comté, aux agriculteurs et aux citadins, le capital et la propriété privée frapperaient. plus loin chez moi. Et au moment où il avait remplacé « combattre les forces du désordre » par « prendre position contre l'anarchie et la perturbation », et « l'esprit de liberté dans ce pays » par « le génie britannique pour la liberté » et « l'heure la plus sombre de l'histoire de l'Angleterre ». à la « période la plus noire de l'histoire de l'Angleterre », il était persuadé que le prospectus lui appartenait désormais entièrement et absolument.

"Mais je pense que nous devons faire entendre la note de l'espoir pour finir. Mon propre message. Que diriez-vous de 'Nous devons nous rappeler que l'heure la plus sombre arrive avant l'aube'?"

"Mon cher Horatio, si vous vous gonflez ainsi au-dessus de votre prospectus, vous n'aurez plus de souffle lorsque vous viendrez parler. Soyez aussi follement original qu'il vous plaira, mais *ne soyez pas* inutile et extravagant."

"Très bien, Fanny. Je réserverai l'aube. Veuillez en prendre note, Miss Madden. Discours. 'Le plus noir' - ou ai-je dit 'le plus sombre' ? — 'une heure avant l'aube.'"

"Tu ferais mieux de réserver tout ce que tu peux", dit Fanny.

Lorsque Barbara eut tapé le prospectus, M. Waddington insista pour le remettre lui-même à Pyecraft. Il voulait en assurer l'impression sans délai et s'occuper des affiches et des prospectus ; il voulait aussi voir l'impression que cela ferait sur Pyecraft et sur la jeune femme de la boutique de Pyecraft. Il aimait penser à l'agitation qui régnait dans la salle de composition lors de la remise du livre et à l'importance qu'il accordait à Pyecraft.

— Vous n'avez pas dit ce que vous pensiez du prospectus, dit Fanny en le regardant partir.

"Je n'ai pas dit ce que je pensais de la Ligue de la Liberté."

"Qu'en *pensez*-vous?"

"Je pense qu'on dirait que quelqu'un était dans un état de déprime terrible ; et je ne vois pas qu'il y aura beaucoup de liberté à ce sujet."

"C'est ça," dit Fanny, "c'est comme ça que ça m'a frappé. Mais ça va garder Horatio tranquille pendant les six prochains mois."

" *Calme* ? Et après ? "

"Oh, après, il y aura son livre."

"J'avais oublié son livre."

"Cela le gardera plus silencieux qu'autre chose ; si vous pouvez l'amener à s'y habituer."

2

Ce soir-là, Barbara fut témoin de la réconciliation de M. Waddington et Ralph Bevan. M. Waddington en fit un spectacle, debout, majestueux et immobile, près de son foyer et tendant la main bien avant que Ralph ne soit assez près pour la prendre.

"Bonsoir, Ralph. Heureux de vous revoir ici."

"C'est gentil de me demander, monsieur."

Barbara crut qu'il grimaça un peu au "monsieur". Il avait un dégoût pour ces formes de déférence qui impliquaient son ancienneté. On pouvait voir qu'il n'aimait pas Ralph. Sa voix était cordiale, mais il n'y avait aucune lumière dans son regard exorbité ; les rides lourdes de son visage ne se sont jamais dissipées. Elle se demandait : était-ce la jeunesse brillante de Ralph qui l'avait offensé, lui rappelant, même lorsqu'il refusait de reconnaître sa fascination ? Car on voyait qu'il refusait, qu'il considérait Ralph Bevan comme une personnalité inférieure et insignifiante. Barbara a dû réviser sa théorie. Il n'était pas jaloux de lui. Il ne lui viendrait jamais à l'esprit que Fanny, ou Barbara d'ailleurs, pourraient trouver Ralph intéressant. Rien ne pouvait troubler un instant son immense satisfaction envers lui-même. Il dirigea le dîner avec un superbe détachement, limitant son attention sur Fanny et Barbara, comme s'il faisait comme si Ralph n'était pas là, jusqu'à ce que soudain il entende Fanny lui demander s'il savait quelque chose sur la Ligue Nationale de la Liberté et ce qu'il en pensait. il.

"M. Waddington ne veut pas savoir ce que j'en pense."

"Non, mais nous le voulons."

"Ma chère Fanny, toute opinion, toute opinion honnête—"

"Oh, l'opinion de Ralph sera assez honnête."

"Honnêtement, j'ose le dire", a déclaré M. Waddington.

"Eh bien, si tu veux vraiment savoir, je pense que c'est un symptôme pathologique."

"Un quoi?" » dit M. Waddington, surpris par une démonstration d'intérêt.

"Symptôme pathologique. Tout est funk. Blue funk. Du vrai blue funk."

"C'est ce que dit Barbara."

Le jeune homme regarda Barbara au point de dire : "Je savais que je pouvais te faire confiance pour adopter le seul point de vue intelligent."

"Il est dirigé", dit-il, "par quelques imbéciles, comme Sir Maurice Gedge. Ils ont peur du bolchevisme."

"Voulez-vous dire que le bolchevisme n'est pas dangereux ?"

"Pas dans ce pays."

"Peut-être aimeriez-vous alors voir un gouvernement soviétique dans ce pays ?"

"Je ne l'ai pas dit."

"Mais je comprends que vous soutenez le bolchevisme ?"

"Je ne défends pas le funk. Mais", a déclaré Ralph, "il y a bien plus que cela. C'est une tentative délibérée, malhonnête et malveillante de discréditer les travaillistes."

"Absurde", a déclaré M. Waddington. "Vous montrez que vous ignorez les principes mêmes de la Ligue."

S'il reconnaissait la jeunesse de Ralph, c'était uniquement pour la mépriser comme étant grossière et mal informée.

"C'est la Ligue Nationale de la Liberté."

"Eh bien, c'est à peu près toute la liberté qu'il y a là-dedans : la liberté de supprimer la liberté."

"Vous ne savez peut-être pas que je crée une branche de la Ligue à Wyck."

"Je suis désolé, monsieur. Je ne savais pas. Fanny, pourquoi m'as-tu tendu ce piège ?"

"Parce que je voulais ta véritable opinion."

"Avant de vous faire une opinion, vous feriez mieux de venir à mon rendez-vous le 21. Peut-être que vous en apprendrez quelque chose."

Fanny a changé de sujet et a parlé de la paresse de Sir John Corbett.

"Un homme", a déclaré M. Waddington, "sans aucun sérieux, sans aucun sens des responsabilités".

Après le café, M. Waddington a emmené Fanny à la bibliothèque pour le consulter au sujet de la formation de son comité, laissant Barbara et Ralph Bevan seuls. Fanny leur fit un signe de la main depuis la porte, signalant sa bénédiction pour leur communion effrénée.

"C'est déplorable", dit Ralph, "de voir une femme aussi intelligente que Fanny se mêler d'un projet pourri comme celui-là."

"Pauvre chérie, elle ne fait ça que pour le faire taire."

"Oh, oui, j'avoue qu'elle a toutes les excuses."

Ils se regardèrent et sourirent. Un sourire de compréhension délicieuse et secrète.

"N'est-il pas merveilleux ?" dit-elle.

"Je pensais que tu l'aimerais… Je dis, tu sais, je *dois* venir à son rendez-vous. Il sera plus merveilleux que jamais là-bas. Tu ne peux pas le voir ?"

"Je peux. C'est presque *trop* - penser que je devrais être autorisé à le connaître, à vivre dans la même maison avec lui, à le voir s'exciter à des heures entières ensemble. Qu'ai-je fait pour mériter cela ?"

"Je vois," dit-il, "vous l' *avez*."

"Avoir quoi?"

"Le goût pour lui. La véritable passion. Je l'avais quand j'étais ici. Je n'aurais pas pu le supporter si je ne l'avais pas fait."

"Je sais. Tu as dû l'avoir. Tu l'as maintenant."

"Et je ne pense pas l'avoir vu à son meilleur niveau. Vous en tirerez plus de lui que moi."

"Oh, tu penses que je le ferai?"

"Oui. Il pourrait atteindre de plus hauts sommets."

"Vous voulez dire qu'il peut aller plus loin ?"

"Peut-être. Je ne sais pas. Il faudrait bien sûr arrêter ses longueurs, ce qui serait dommage. Je pense à lui surtout en hauteur. Il n'y a aucune raison pour que vous ne le laissiez pas planer… Mais Je ne dois pas en parler. Je viens de dîner.

"Non, nous ne devons pas", acquiesça Barbara. "C'est le pire des dîners."

"Je dis, cependant, ne pouvons-nous pas nous rencontrer quelque part ?"

"Où *pouvons-nous?* "

"Oui. Où pouvons-nous nous laisser aller ? Ne pourrions-nous pas faire plus de promenades ensemble ?"

"J'ai peur de ne pas avoir le temps."

"Il y aura beaucoup de temps. Quand il partira dans sa voiture pour "rassembler le comté"."

"Quand il est 'off', je suis 'on' en tant que compagnon de Mme Waddington."

"Ça ne dérangera pas Fanny. Elle te laissera faire tout ce que tu veux. En tout cas, elle *me laissera* faire tout ce que *je* veux."

"Voulez-vous lui demander?"

"Bien sûr que je le ferai."

Alors ils l'ont réglé.

3

Quand Barbara se disait que M. Waddington allait gâcher sa soirée avec Ralph Bevan, elle en avait jugé par le changement survenu dans la maison depuis le retour de son maître. On l'a d'abord ressenti sur les visages déprimés des domestiques, de Partridge et d'Annie Trinder. Une tristesse pensive s'était installée même sur Kimber. Pire encore, Fanny Waddington avait arrêté de fredonner. Cette expression spontanée de son bonheur manquait à Barbara.

Elle pensa : « Qu'est-ce qu'il leur fait ? Et pourtant, il était clair qu'il n'avait rien fait. Ils furent simplement écrasés par la masse et le poids de son égoïsme. Il leur imposait en quelque sorte son incroyable conscience de lui-même. Il a laissé une atmosphère de malaise. Vous l'avez ressenti quand il n'était pas là ; même lorsque Fanny s'était installée dans le salon avec "Tono-Bungay", on sentait sa peur qu'à tout moment la porte ne s'ouvre et qu'Horatio entre.

Mais Barbara n'était pas déprimée. Elle appréciait le spectacle perpétuel qu'il lui faisait. Elle appréciait son indifférence à l'égard de Ralph, son refus de voir qu'il pouvait attirer l'attention, sa conviction de sa propre fascination supérieure. Elle savait maintenant ce que Ralph voulait dire quand il disait que ce serait méchant de le gâter pour elle. Il devait se précipiter sur elle sans préparation ni description. Elle devait le découvrir d'abord elle-même. Tout d'abord. Mais elle voyait venir le moment où sa plus grande joie serait de le faire sortir petit à petit ensemble. Elle discernait même en Fanny un joyeux diable qui s'amusait aux dépens d'Horatio ; qui était conscient de l'amusement de Barbara et l'a toléré. Il y avait des décences ultimes qui empêchaient toute communion ouverte avec Fanny. Mais au-delà de ce refus de sourire à Horatio après avoir mangé son dîner, elle ne voyait aucune décence retenir Ralph. Elle pouvait compter sur lui lorsque sa joie privée devenait intolérable et devait être partagée.

Mais il y avait des obstacles à leurs relations sexuelles. M. Waddington ne pouvait pas vraiment commencer ce qu'il appelait sa « campagne » avant d'être armé de son prospectus, et Pyecraft a mis plus d'une semaine pour l'imprimer. Et tandis qu'elle restait les bras croisés, pensant à son salaire, le démon de la conscience poussa Barbara à lui demander du travail. N'y avait-il pas son livre ?

"Mon livre ? Mon livre des Cotswolds ?" Il a fait comme s'il avait tout oublié. Il l'écarta d'un geste. "Le livre n'est qu'une récréation, un amusement. J'aurai largement le temps pour cela lorsque ma Ligue sera lancée. Pourtant, je serai heureux quand je pourrai m'y installer à nouveau."…. Il y réfléchissait maintenant avec une affection rappelante…. "Si ça pouvait t'amuser de le regarder…"

Il commença une recherche minutieuse dans son bureau.

"Ah, nous y sommes !"

Il exhume deux piles de manuscrits, l'un dactylographié, l'autre écrit, tous deux marqués de ratures, avec des corrections et des insertions presque illisibles.

"C'est un désastre terrible", a-t-il déclaré.

Elle a vu quel serait son travail : se frayer un chemin à travers la jungle, faire des clairières.

"Si je devais tout retaper, vous auriez une copie vierge sur laquelle travailler lorsque vous seriez prêt."

"Si vous *pouviez* être si bon. C'est ce jeune coquin de Ralph. Il n'aurait pas intérêt à le laisser dans cet état."

Ses scrupules revinrent à Barbara.

"M. Waddington, le prendriez-vous à nouveau comme secrétaire s'il revenait ?"

"Il reviendrait sans problème. Faites-lui confiance."

"Et tu le prendrais ?"

"Ma chère demoiselle, pourquoi le devrais-je ? Je ne veux pas *de lui* ; je *te veux* ."

"Et *je* ne veux pas lui faire obstacle."

"Tu n'as pas à t'inquiéter pour ça."

"Je ne peux pas m'empêcher de m'inquiéter. Tu le reprendrais si je n'étais pas là."

"Tu *es* là."

"Mais si je ne l'étais pas ?"

"Viens, viens. Il ne faut pas me parler comme ça."

Elle est partie et a parlé à Fanny.

"Je ne peux pas supporter de lui faire perdre son travail. S'il revient..."

"Ma chérie, tu ne connais pas Ralph. Il préférerait mourir plutôt que de revenir. Ils ont rendu cela impossible entre eux."

"M. Waddington dit qu'il le reprendrait si je n'étais pas là."

"Il ne le ferait pas. Il pense seulement qu'il le ferait, parce que cela le rend magnanime. Il a offert à Ralph une demi-année de salaire s'il partait immédiatement. Et Ralph est parti immédiatement et n'a pas voulu toucher au salaire. Cela l'a amené à Il s'est imposé comme le meilleur, et Horatio n'a pas aimé ça. Il ne pensait pas qu'il pourrait tromper Ralph avec de l'argent. Il n'est pas vulgaire.

Non, il n'était pas vulgaire. Mais elle se demandait comment il allait pouvoir se camoufler cette insulte à sa fierté. Et il y avait la fierté de Ralph, si ardente et si pure. Encore-

"Pourtant, M. Bevan vient dîner", dit-elle.

"Oui, il vient et dîne. Il sera toujours mon cousin, même s'il ne sera pas le secrétaire d'Horatio. Il a un caractère très doux et il garde les choses claires."

"Mais que va-t-il *faire* ? Il ne peut pas vivre de sa douce nature."

"Oh, il a de quoi vivre, mais pas assez pour... pour faire ce qu'il veut. Mais il trouvera bien un travail. Ne vous occupez pas de Ralph dans votre chère petite tête."

Fanny se dit : « Je lui dirai, alors il l'adorera plus que jamais. S'il l'adorait *assez*, il se ressaisirait et trouverait quelque chose à faire.

VI

1

M. Waddington n'approuvait pas l'intimité de Mme Levitt avec sa sœur, Bertha Rickards.

Il l'aurait encore moins approuvé s'il avait entendu la conversation que Mme Trinder avait entendue et rapportée à Miss Gregg, la gouvernante du presbytère, qui l'avait raconté à la femme du recteur, qui l'avait dit au recteur, qui l'avait dit au colonel Grainger, qui l'avait dit à Ralph. Sevan, qui l'a gardé pour lui.

"Qu'as-tu dit au vieux garçon, Elise ?"

"Ne me demande pas ce que j'ai *dit* !"

"Eh bien, avez-vous le cottage ?"

"Bien sûr que je l'ai, idiot de coucou. Je peux tirer de lui tout ce que je veux. Il n'allait pas virer ces Ballinger, mais je l'ai fait."

"Est-ce qu'il a dit quand Mme Waddington allait appeler ?"

Bertha ne put résister à la tentation de pincer là où elle savait que la chair était tendre.

"Je ne lui ai pas demandé."

"Elle ne peut pas vraiment s'en passer, maintenant il est votre propriétaire."

C'était ce que pensait Mme Levitt. Et si Mme Waddington appelait, Lady Corbett ne pourrait pas non plus s'en aller. Ils étaient les seuls à Wyck à ne pas avoir appelé ; mais il serait vain de prétendre qu'ils n'avaient pas d'importance, que ce n'était pas eux qui comptaient plus que quiconque.

Le filet qu'elle avait tendu autour de M. Waddington se resserrait, même s'il ignorait encore son enchevêtrement. Tout d'abord, le chalet de Lower Wyck a été entièrement réparé ; et si le plâtre n'était pas tout à fait sec lorsque les Ballinger y emménagèrent, cela n'était pas l'affaire de M. Waddington. Il leur avait fourni une maison, ce qui était tout ce que la loi pouvait raisonnablement lui imposer. De toute évidence, c'était Hitchin, le constructeur, qui devait être tenu responsable du plâtre, et non lui. Quant aux rhumatismes dont souffrait Mme Ballinger, à supposer qu'ils puissent être imputés au plâtre humide et non à un défaut inhérent à la constitution de Mme Ballinger, cela n'était clairement pas non plus le souci de M. Waddington. Si quelqu'un était responsable des rhumatismes de Mme Ballinger, c'était bien Hitchin.

M. Waddington n'a pas approuvé Hitchin. Hitchin était un socialiste qui suivit l'exemple du colonel Grainger en payant trop cher ses ouvriers, avec des conséquences désastreuses pour les autres ; car, au-delà du bouleversement général provoqué par cette ingérence gratuite dans le système économique en vigueur, M. Hitchin avait l'habitude de se récupérer par des surfacturations monstrueuses. Et M. Hitchin était non seulement le meilleur entrepreneur du quartier, mais aussi le seul entrepreneur et tailleur de pierre de Wyck-on-the-Hill, de sorte qu'il vous tenait pratiquement à sa merci.

Et les opérations au chalet de Sheep Street ont été suspendues tandis que M. Waddington contestait petit à petit l'estimation de M. Hitchin, depuis le coût total de construction des nouvelles pièces jusqu'au dernier pot de peinture émail et son prix par pied pour la tuyauterie en plomb. June s'éloignait pendant qu'ils se disputaient, et il semblait peu probable que Mme Levitt entre chez elle avant Saint-Michel, si c'était le cas.

De sorte que le 19 au matin, deux jours avant la réunion, M. Waddington trouva une autre lettre qui l'attendait sur la table du petit déjeuner.

Fanny le regardait, et il cherchait protection avec une affectation d'agacement.

"Maintenant, qu'est-ce que Mme Levitt peut trouver pour m'écrire ?"

"Je ne fixerais aucune limite à son invention", a déclaré Fanny.

"Et que savez-vous de Mme Levitt ?"

"Rien. Je déduis seulement de ce que vous dites vous-même qu'elle est... fertile en ressources."

"Ressource?"

"Eh bien, en créant des opportunités."

« Des opportunités, maintenant, pour quoi ?

"Pour que vous exerciez votre charité chrétienne, ma chère. Quand me laisserez-vous venir chez elle ?"

"Je ne vais pas du tout te laisser l'appeler."

"Est-ce que c'est de la charité chrétienne ?"

"C'est tout ce que tu veux." Il était absorbé par sa lettre. Mme Levitt avait été obligée de quitter la maison de Mme Trinder, sur la place, pour s'installer dans des chambres inférieures de Sheep Street, et elle se plaignait d'elle-même.

"Mais sûrement, quand tu l'appelles toujours toi-même—"

"Je ne fais pas toujours appel à elle. Et si c'était le cas, il y a certaines choses qui me conviennent parfaitement et qui ne vous conviendraient pas."

"On dirait que ce n'est pas le cas de Mme Levitt."

Il leva les yeux aussi brusquement que les courbes de son visage le lui permettaient. "Rien de tout cela. Elle n'est tout simplement pas le genre de personne à qui vous *faites* appel ; et je ne veux pas commencer par vous."

"Pourquoi pas?"

"Parce que tu es ma femme et que tu occupes une certaine position dans le comté.
C'est pourquoi."

"Une raison plutôt snob, n'est-ce pas ? Tu as dit que je pourrais faire appel à n'importe qui qui me plairait."

"Vous pouvez donc, en toute raison, à condition de ne pas commencer par Mme Levitt."

"Je devrai peut-être en finir avec elle", dit Fanny.

M. Waddington avait de nombreuses raisons pour ne pas souhaiter que Fanny rende visite à Mme Levitt. Il voulait garder sa femme, parce qu'elle était sa femme, à un endroit séparé de Mme Levitt et au-dessus d'elle, pour marquer la distance et la distinction qu'il y avait entre eux. Il voulait se maintenir, en tant que mari de Fanny, à l'écart et distant, afin de renforcer son attirance masculine. Et il voulait garder Mme Levitt à l'écart, la garder pour lui, comme la femme cachée de l'aventure passionnée. Leurs relations avaient eu jusqu'alors le charme, le charme unique, irremplaçable, des choses inavouées et clandestines. Mme Levitt était unique ; irremplaçable. Il ne pouvait penser à aucune autre femme qui pourrait le remplacer. Il y avait la petite Barbara Madden ; elle avait eu peur de lui ; mais ses passions étaient encore trop jeunes pour être attisées par la crudité de la frayeur d'une jeune fille ; s'il en était ainsi, il préférait l'aisance rassurante de Mme Levitt.

Et il ne voulait pas en arriver là.

Mais même si M. Waddington n'espérait pas réellement devenir l'amant de Mme Levitt, il eut des visions de pure fantaisie dans lesquelles il se voyait debout sur le seuil de la porte de Mme Levitt la nuit tombée ; disons, une fois tous les quinze jours, lors des sorties nocturnes de sa servante ; il faisait retentir un signal sourd sur le heurtoir et la porte était entrouverte par Élise. Élise ! Il s'y faufilait d'une manière élancée et mystérieuse ; il montait et descendait les escaliers sur la pointe des pieds, retrouvant un frisson de jeunesse aux risques mêmes qu'ils couraient, tout en gérant l'affaire avec une délicatesse et une discrétion consommées.

À ce stade, l'imagination de M. Waddington entendit une autre porte s'ouvrir dans la rue ; quelqu'un est sorti et l'a vu à la lumière du passage ; quelqu'un est passé avec une lanterne ; quelqu'un a chronométré ses allées et venues. Il ressentit les palpitations, la nausée froide de la détection. Non. On ne pouvait pas faire ces choses dans un petit endroit comme Wyck-on-the-Hill, où tout le monde connaissait les affaires des autres. Et il y avait Toby aussi.

Parfois, peut-être, un dimanche après-midi, quand Toby et le domestique étaient sortis. Oui. Dimanche après-midi entre l'heure du thé et l'heure de l'église.

Ou bien il pourrait la rencontrer à Oxford, à Cheltenham ou à Londres. Plus sage. Fins de semaine. Plus satisfaisant. Risque d'être vu là aussi, mais il faut prendre des risques. Il est surprenant de voir à quel point ces choses *étaient* gardées secrètes.

Birmingham maintenant. Birmingham serait plus sûre car plus improbable. Il ne connaissait personne à Birmingham. Mais la simple pensée de Mme Levitt venant au Manoir sur le même pied banal, disons, que Mme Grainger, était la destruction de tout ce secret romantique.

Il craignait également que si Mme Levitt était réellement ce genre de femme, l'admirable instinct de Fanny ne la découvrirait et ne flairerait l'affaire imminente. Ou si Fanny restait impassible et montrait clairement son sentiment de sécurité, Elise pourrait devenir possessive et, par pure jalousie, se trahir. M. Waddington se dit qu'il connaissait les femmes et que s'il était un homme sage, et qu'il *était* un homme sage, il ferait en sorte que les deux ne se rencontrent jamais. Fanny était docile, et s'il disait catégoriquement qu'elle ne devait pas rendre visite à Mme Levitt, elle ne le ferait pas.

2

Il y avait une autre chose que M. Waddington redoutait encore plus que cette rencontre dangereuse : Fanny savait qu'il avait chassé les Ballinger. Comme il n'aurait pas voulu admettre que Mme Levitt lui avait forcé la main, il a assumé l'entière responsabilité de cet acte. Mais, aussi inévitable et justifiable soit-il, il ne pouvait espérer réussir triomphalement avec Fanny. C'était juste, mais ce n'était pas magnanime. Par conséquent, sans faire aucune déclaration positivement mensongère, il lui avait laissé penser que Ballinger avait donné un préavis de son propre chef. Il y avait peu de chances, pensa-t-il, que Fanny entende jamais la vérité sur cette affaire.

Si seulement ce coquin n'avait pas eu de femme et d'enfants, et si seulement sa femme – mais, malheureusement pour M. Waddington, sa femme était Susan Trinder, la nièce du mari de Mme Trinder, et Susan Trinder avait été la nourrice d'Horace ; et bien qu'ils considéraient tous qu'elle avait fait pour elle-même en épousant ce Ballinger à tête de cochon, Fanny et Horace l'appelaient toujours Susan-Nanna. Et la nièce de Susan-Nanna, Annie Trinder, était femme de chambre au Manoir. Ainsi, M. Waddington a eu un vilain scrupule quand Annie, en train de préparer le petit-déjeuner, lui a demandé si elle pouvait avoir un jour de congé pour s'occuper de sa tante, Mme Ballinger, qui était au lit avec des rhumatismes.

Avec horreur, il entendit Fanny dire : « Elle n'aurait pas eu de rhumatismes s'ils étaient restés à Sheep Street.

"Non madame."

Les yeux d'Annie étaient clairs et mensongers.

"Il n'aurait jamais dû le quitter", dit Fanny.

"Non, madame. Il ne devrait plus le faire."

"N'est-elle pas vraiment désolée pour ça ?"

(Pourquoi Fanny ne pouvait-elle pas le laisser tranquille ?)

"Oui, madame. Elle s'inquiète de quelque chose d'horrible. Vous voyez, ce n'est pas tellement la maison, même si elle est meilleure que celle dans laquelle ils se trouvent, c'est le jardin. Tous ces fruits et légumes, quoi. " Oncle qu'il a mis lui-même, et ces buissons de lavande. Tante, elle aime tellement un peu de lavande, je ne sais pas, je suis sûr de comment elle va s'en sortir. "

Annie le savait. Il pouvait dire à ses yeux qu'elle savait. Il n'y avait rien d'autre que la loyauté d'Annie entre lui et cette exposition qu'il redoutait. Il entendit Fanny dire qu'elle irait voir Susan demain. Il n'y aurait rien d'autre que la loyauté de Susan et la magnanimité de Ballinger. Cela reviendrait à cela s'ils l'épargnaient pour le bien de Fanny. Il avait absolument raison, et Ballinger s'était attiré tout le problème ; mais tu ne pourrais jamais faire voir ça à Fanny. Et Ballinger parvint à lui donner encore plus tort. Le lendemain, lorsque Fanny est venue au chalet, elle l'a trouvé vide. Ballinger s'était installé avec sa femme et sa famille dans la ferme du père de Susan à Medlicott, à deux milles et demi de son travail sur les terres du colonel Grainger, se donnant ainsi un véritable grief.

Et Fanny n'arrêtait pas d'en parler au dîner.

"Ces pauvres Ballingers ! C'est terriblement dommage qu'il ait abandonné le cottage de Sheep Street. Ne lui as-tu pas dit qu'il était un imbécile, Horatio ?"

Heureusement, Annie Trinder avait quitté la pièce. Mais il y avait Partridge près du buffet, qui écoutait.

"Je ne suis pas responsable de la folie de Ballinger. S'il se trouve gêné par cela, cela ne me regarde pas."

"Eh bien, la folie de Ballinger a été très commode pour Mme Levitt."

M. Waddington essayait de donner l'impression que le confort de Mme Levitt ne le concernait pas non plus.

- 51 -

VII

1

Les prospectus et les affiches étaient sortis depuis une semaine. Leurs titres étaient très agréables à regarder avec leurs énormes majuscules qui vous regardaient dans l'imprimé bleu royal de Pyecraft.

LIGUE NATIONALE DE LA LIBERTÉ.

* * * * *

UNE RÉUNION
D'AIDE À LA LIGUE CI-DESSUS AURA LIEU À L'HÔTEL DE
VILLE DE WYCK-ON-THE-HILL, le *samedi 21 juin, à 20h.*

* * * * *

    Président : SIR JOHN CORBETT,
DE UNDERWOODS, WYCK-ON-THE-HILL. *Orateur* :
HORATIO BYSSHE WADDINGTON, ESQ., DU MANOIR, LOWER
WYCK.

* * * * *

VOUS ÊTES ATTENTIVEMENT INVITÉS À Y ASSISTER.

* * * * *

QUE DIEU SAUVE LE ROI!

Une seule chose menaçait le plaisir intense de M. Waddington lors de sa rencontre : son fils Horace serait là. Le jeune Horace avait insisté pour venir passer la nuit du Cheltenham College, expressément pour assister à la réunion. Et bien que M. Waddington ait souligné que la réunion pourrait très bien avoir lieu sans lui, Fanny semblait soutenir le jeune Horace dans son opinion impudente selon laquelle cela ne pouvait pas se faire. Cela lui paraissait excessivement ennuyeux ; car, même si cela ne lui appartenait pas, M. Waddington avait peur de son fils. Il n'était plus le même homme lorsqu'il était là. La présence du jeune Horace, grand de seize ans et se développant rapidement, était fatale à l'illusion de sa jeunesse. Et Horace avait l'habitude de commenter de manière désavantageuse tout ce que son père disait ou faisait ; il avait un génie parfait pour la dépréciation humoristique. Quoi qu'il en soit, lui et sa mère se sont comportés comme s'ils pensaient que c'était humoristique, et nombre de ses remarques semblaient frapper d'autres personnes – Sir John et Lady Corbett, par exemple, et Ralph Bevan – sous le même jour. À maintes reprises, le jeune Horace faisait en sorte que toute la table l'écoute avec un plaisir irraisonné et déraisonnable, tandis que les efforts de son père pour converser ne recevaient qu'une attention polie et superficielle. Et la perspective de voir l'humour du jeune Horace se déchaîner lors de sa réunion et de son discours lors de la réunion était nettement désagréable. Fanny n'aurait pas dû permettre que cela se produise. Il n'aurait pas dû le permettre lui-même. Mais à moins d'écrire à son directeur pour l'interdire, ils ne purent empêcher la venue du jeune Horace. Il n'avait qu'à enfourcher sa moto et à venir.

Barbara le surprit dans le salon avant le dîner, assise dans un fauteuil et riant devant le prospectus.

Il se leva d'un bond et se tint près du foyer, lui souriant.

"Je dis, est-ce que mon patron a vraiment écrit ça lui-même ?"

"Plus ou moins. Es-tu vraiment venu pour la réunion ?"

"Plutôt."

Son sourire était volontaire et engageant.

"Vous *êtes* enthousiasmé par la Ligue."

"Enthousiaste ? Eh bien, je ne peux pas dire que j'en sais grand chose. Bien sûr, je connais le genre de conneries putrides qu'il leur lancera, mais ce que je veux, c'est le voir *le* faire."

Il l'avait aussi, cette passion d'intérêt et d'amusement, la sienne et celle de Ralph. Seulement, ce n'était pas décent de sa part de le montrer ; elle ne devait pas lui laisser voir qu'elle l'avait. Elle répondit sobrement :

"Oui, il est terriblement enthousiaste."

" *Vraiment* ? Je ne l'ai jamais vu vraiment excité, énervé, sauf une ou deux fois pendant la guerre. "

Tandis qu'il se tenait là, baissant les yeux, souriant pensivement, il semblait y réfléchir, anticiper la joie du spectacle.

Il avait un visage impudent et joyeux, tourné et coloré comme celui de sa mère ; il avait les yeux bleus et les cheveux bruns de Fanny. Tout ce que les Waddington et les Postlethwaites lui avaient fait, c'était de relever l'arête de son nez et d'épaissir légèrement ses lèvres sans altérer leur tourbillon large et vif. Il considéra Barbara.

"Tu vas l'aider à écrire son livre, n'est-ce pas ?"

"Je l'espère", a déclaré Barbara.

"Vous avez du culot. Il s'en est plutôt bien sorti pour Ralph Bevan. Il est pire qu'un choc d'obus quand il se lance."

"J'espère pouvoir le supporter. Il ne peut pas être pire que le War Office."

"Oh, n'est-ce pas ? Attends."

A ce moment, son père arriva, en retard, et trahissant les premiers symptômes d'excitation. Barbara vit que les yeux du garçon les captaient. Alors qu'ils s'asseyaient pour dîner, M. Waddington fit semblant d'ignorer Horace. Mais Horace ne serait pas ignoré. Il a immédiatement attiré l'attention sur lui.

"Tu ne trouves pas que c'est très décent de ma part, pater, de venir à ton rendez-vous ?"

"Je n'aurais pas dû penser", a déclaré M. Waddington, "que la politique était de votre ressort. Cela ne vaut pas la peine de gâcher une demi-vacance."

"Je ne pense pas que je me soucierai de votre ancienne Ligue. Ce que je suis venu, c'est de vous voir, pater, vous lever sur vos pattes arrière et leur donner. Je ne manquerais pas ça pour un million et demi. -vacances."

"Si c'est tout ce que vous êtes venu pour cela, vous vous auriez peut-être épargné des ennuis."

"Des ennuis ? Mon cher père, je me serais donné *n'importe quel* ennui."

On pouvait voir qu'il se moquait de lui. Et il parlait à Barbara, attirant son attention tout le temps ; à chaque phrase, il la regardait de l'autre côté de la table. De toute évidence, il avait peur qu'elle pense qu'il ne savait pas à quel point son père était drôle, et il devait lui montrer. Ce n'était pas décent de sa part. Barbara n'approuvait pas le jeune Horace ; pourtant elle ne pouvait pas lui résister ; ses yeux et sa bouche étaient pleins, comme ceux de Ralph, d'une joie si intelligente et pourtant irresponsable. Il voulait qu'elle le partage. C'était un égoïste comme son père ; mais il avait quelque chose du charme de sa mère, quelque chose de celui de Ralph Bevan.

« Rien, disait-il, rien ne m'aurait retenu.

"Vous êtes très bon, monsieur." Horace pouvait apprécier ce sarcasme mordant.

"Pas du tout. Je dis, j'aimerais que tu me laisses monter sur l'estrade."

"Pourquoi ? Vous ne vous proposez pas comme orateur, n'est-ce pas ?"

"Plutôt pas. Je veux simplement être quelque part où je puisse voir ton visage et celui du vieux Grainger en même temps, et celui de Hitchin, quand tu te lanceras dans leur socialisme."

"Vous ne monterez certainement pas sur l'estrade. Et où que vous soyez assis, je dois vous demander de bien vous comporter, si vous le pouvez. Vous ne vous en rendrez peut-être pas compte, mais ce sera une réunion sérieuse."

"Je *le sais* . C'est juste le—le sérieux qui m'attire." Il rigola.

M. Waddington haussa les épaules. "Bien sûr, si vous n'avez aucun sens des responsabilités, si vous choisissez de continuer comme un écolier mal élevé, mais ne soyez pas surpris si vous êtes réprimandé depuis votre chaise."

"Quoi ? Vieux Corbett ? J'aimerais le voir... Ne vous inquiétez pas, pater, je me comporterai de manière joyeuse mieux que quiconque. Vous voyez si je ne le fais pas."

"Comment pensais-tu qu'il se comporterait, Horatio ?" dit Fanny. "Quand il a fait tout ce chemin et a renoncé à un pique-nique pour t'entendre."

"Pater sera un pique-nique, si tu veux", dit Horace.

M. Waddington lui fit signe de s'éloigner d'un geste comme s'il lançait une mouche taquine, et sortit chercher ses papiers.

Fanny se tourna vers son fils. "Désolé chérie, tu ne dois pas harceler ton père comme ça. Tu ne dois pas te moquer de lui. Il n'aime pas ça."

"Je n'y peux rien", a déclaré Horry. "Il est tellement drôle. Il me *fait* rire."

"Eh bien, quoi que vous fassiez, ne riez pas à la réunion, sinon vous le trahirez."

"Je ne le ferai pas, mater. Honneur brillant, je ne le ferai pas. Je me retiendrai comme... comme n'importe quoi. Seulement, cela ne vous dérangera pas si j'éclate."

2

M. Waddington a parlé pendant une demi-heure, exposant, avec quelques répétitions nécessaires, les principes et les buts de la Société.

Il était soutenu sur la plate-forme par son président, Sir John Corbett, et par les autres membres de son comité projeté : par Lady Corbett, par Fanny, par le recteur, par M. Thurston of the Elms, Wyck-on-the-Hill. ; par M. Bostock de Parson's Bank ; M. Jackson, de MM. Jackson, Cleaver and Co., avocats ; Le major Markham de Wyck Wold, M. Temple de Norton-in-Mark et M. Hawtrey de Medlicott ; et par sa secrétaire, Miss Barbara Madden. Le corps de la salle était bondé. Au-dessous de lui, au premier rang, il y avait les femmes et les filles de ses membres du comité ; en son centre, juste sous son nez, il ressentait douloureusement la présence du jeune Horace et de Ralph Bevan. Le colonel Grainger était assis derrière eux, remarquable et, de l'avis de M. Waddington, un peu truculent, avec son grand visage carré et sa moustache rouge coupée en carrés, et de chaque côté du colonel Grainger et derrière lui se trouvaient la noblesse voisine et les habitants de Wyck. les deux épiciers, les deux bouchers, les drapiers et l'hôtelier, et derrière eux encore les domestiques du Manoir et une foule de vendeurs ; et de plus en plus loin, les ouvriers agricoles et les artisans ; parmi eux, il reconnut Ballinger avec plusieurs hommes du colonel Grainger et Hitchin. Ils formaient un groupe assez compact, et M. Waddington fut satisfait de leur apparition.

Et bien au centre de la salle, au-dessus des chapeaux des femmes, il pouvait voir la touffe de cheveux de M. Hitchin, son visage astucieux, rond, rasé de près et rose, ses épaules à carreaux gris et sa cravate rouge. M. Hitchin avait l'air d'être soutenu par tout le corps de ses ouvriers. M. Waddington était également satisfait de l'apparence de M. Hitchin, et il pensait insérer une certaine expression de ce sentiment dans son pérorative.

Il était également profondément conscient du fait que Mme Levitt était assise toute seule dans un espace vide, au milieu de la troisième rangée.

De temps en temps, Ralph Bevan et le jeune Horace fixaient Fanny Waddington et Barbara avec des yeux ravis dans des visages d'une gravité surnaturelle. Le jeune Horace avait l'air étrange et ne ressemblait pas à lui-même, avec ses mâchoires serrées dans un effort prodigieux pour ne pas rire. Chaque fois que les yeux de Barbara rencontraient les siens et ceux de Ralph, un léger sourire tremblait sur son visage, vacillait et s'éteignait.

Un jour, Horace murmura à Ralph Bevan : « Il n'y va pas ? Et Ralph lui répondit : « Il est immense. »

Il était. Il se sentait immense. Il avait l'impression d'emporter son public avec lui. Le son de sa propre voix l'excitait et le fouettait. C'était une sorte d'ivresse. Il s'élevait maintenant, de plus en plus haut, dans sa péroration.

"C'est une satisfaction pour moi de voir ici autant de travailleurs et de travailleuses ici ce soir. Ils sont particulièrement les bienvenus. Nous voulons les avoir avec nous. Ne vous méfiez pas de l'ouvrier. L'ouvrier a le cœur sain. la tête aussi, lorsqu'il est laissé tranquille et qu'il n'est pas emporté par les arguments perfides d'agitateurs ignorants. Nous, moi-même et les fondateurs de cette Ligue, n'avons pas cette mauvaise opinion de l'ouvrier que ses dirigeants, ses trompeurs, si je puis dire. - semblent l'avoir été. Nous croyons en lui, nous savons que, si seulement on le laissait tranquille, il n'y a aucune section de la communauté qui serait plus solide que lui pour l'ordre et le bon gouvernement.

"Entendre entendre!" du colonel Grainger. Ralph murmura : « Camouflage ! à
Horace, qui hocha la tête.

« Il n'y a rien dans les objectifs de cette Ligue qui soit contraire aux intérêts du Parti travailliste. Au contraire » — il entendit, comme si quelqu'un d'autre l'avait perpétré, l'horrible répétition — « Je veux dire… » Son cerveau lutta pour trouver une autre phrase. follement et en vain. "Au contraire, il existe pour sauvegarder les véritables intérêts, les meilleurs intérêts de chaque travailleur et travailleuse du pays."

"Entendre entendre!" de Sir John Corbett. M. Waddington sourit.

"Président Wilson" - il s'est agité et a bu de l'eau - "Le président Wilson a parlé de rendre le monde sûr pour la démocratie. Eh bien, si nous, vous et moi, nous tous, n'y prenons pas garde, le monde ne sera pas sûr. pour tout le reste, ce ne sera certainement pas sans danger pour les classes moyennes, pour les grandes classes commerciales et professionnelles, pour la classe à laquelle j'appartiens, pour ma part : la classe des gentlemen anglais. Ce ne sera pas sans danger pour *nous*. .

"Non pas que je propose d'en faire une question de classe. En faire une question de classe serait plus que faux. Ce serait insensé. Ce serait un défi à la révolution, le premier pas vers le déchaînement, le déchaînement contre nous, ces forces de désordre et de destruction que nous cherchons à contenir. Je ne suis pas ici pour insister sur les différences de classe, pour fomenter la haine de classe. Ces différences existent, elles existeront toujours, mais elles sont sans importance pour notre grand objectif. question de principe, le grand principe de la liberté britannique. Allons-nous nous soumettre à la tyrannie d'une classe sur toutes les autres classes, d'un intérêt sur tous les autres intérêts du pays ? minorité, qu'il s'agisse d'une minorité travailliste ou autre ?

"Allons-nous tolérer ici le bolchevisme et un gouvernement soviétique ? S'il y a des personnes présentes qui pensent que telle est notre attitude et notre intention, je leur dis maintenant clairement que ce n'est *pas le cas* . Dans leur propre langue, dans notre bon vieux proverbe du comté : « Aussi sûr que Dieu est à Gloucester », cela ne l'est pas et ne le sera jamais. Plus tôt ils comprendront cela, mieux ce sera, je ne dis pas qu'il y ait des personnes présentes qui seraient coupables d'une erreur aussi grossière. Je ne crois pas qu'il y en ait. Je ne crois pas qu'il y ait une personne intelligente dans cette salle qui ne soit pas d'accord avec moi lorsque je dis que, même s'il est juste et juste que les travaillistes aient une voix au sein du gouvernement, ce n'est pas le cas. juste et il n'est pas juste qu'elle soit la seule voix.

"C'est la seule voix entendue en Russie depuis deux ans, et quelle en est la conséquence ? Effusion de sang. Anarchie et effusion de sang. Je ne *dis pas* que nous devrions avoir l'anarchie et l'effusion de sang ici ; l'Angleterre, Dieu merci, n'est pas la Russie. Mais Je ne dis pas que nous ne les aurons *pas* . Et je *dis* qu'il nous appartient, à vous et à moi, mesdames et messieurs, de décider si nous les aurons ou non. Cela dépend des mesures que nous prendrons pour... nuit en ce qui concerne cette Ligue Nationale de la Liberté, de l'action entreprise - d'autres soirs lors de réunions similaires, dans toute notre Angleterre, cela dépend, en deux mots, de notre *action unie* , si nous aurons l'anarchie ou un gouvernement stable ; , si notre Angleterre continuera ou non à être un pays libre.

"Rappelez-vous deux choses : la Ligue est nationale, et c'est une Ligue de la Liberté. Ce ne serait pas l'une si ce n'était l'autre.

"Vous direz, peut-être que beaucoup d'entre vous *disent* : 'Cette Ligue, c'est très bien, mais que puis- *je* faire ?' Peut-être direz-vous même : « Que peut faire Wyck ? Après tout, Wyck est une petite ville, ce n'est pas la capitale du comté. »

"Eh bien, je peux vous dire ce que Wyck peut faire. C'est possible : c'est *la* première ville du Gloucestershire, la première ville de province d'Angleterre à créer une Ligue nationale de la Liberté. Ils ont une Ligue à Londres, la Ligue mère. ; ils peuvent avoir une autre branche de la Ligue n'importe où n'importe quel jour, mais j'espère que, grâce aux très nobles efforts de ces dames et messieurs qui ont aimablement consenti à faire partie de mon comité, j'espère que d'ici peu nous aurons commencé des ligues à Gloucester. Cheltenham, Cirencester, Nailsworth et Stroud ; dans chaque ville, village et hameau du comté, j'espère, grâce à votre décision de ce soir, mesdames et messieurs, pouvoir dire que Wyck – le petit Wyck – est arrivé le premier. Tout autour de nous, sur quinze à vingt milles à la ronde, il y a des hameaux, des villages et des villes qui n'ont pas de Ligue, qui ne connaissent rien de la Ligue. Wyck-on-the-Hill sera le centre de la Ligue pour cette partie. des Cotswolds.

"Il est impossible d'exagérer l'importance du principe en jeu. Impossible donc d'exagérer l'importance de cette Ligue, donc impossible d'exagérer l'importance de cette réunion, de chaque homme et de chaque femme qui sont venus ici ce soir. Et Lorsque vous vous lèverez de votre siège et monterez sur cette estrade pour inscrire vos noms en tant que membres de la Ligue Nationale de la Liberté, je veux que vous sentiez, chacun d'entre vous, que vous ferez une chose importante, une chose nécessaire au nation, une chose à sa manière tout aussi nécessaire et importante que ce que fait le soldat lorsqu'il sort de sa tranchée et passe par-dessus.

C'est alors, et alors seulement, que le jeune Horace rit. Mais il couvrit son effondrement en criant : « Écoutez ! Écoutez ! cela a amené Fanny et Barbara à se moucher simultanément. Quant à Ralph, il cacha son visage dans ses mains.

"Comme lui", a déclaré M. Waddington, "vous contribuerez à sauver l'Angleterre.
Et que peut faire de plus l'un d'entre nous ?"

Il s'assit brusquement dans un tumulte d'applaudissements et but de l'eau. Malgré les applaudissements, il était hanté par un sentiment d'incomplétude. Il y avait quelque chose qu'il avait omis de son discours, quelque chose qu'il avait particulièrement voulu dire. Cela lui semblait plus vital, plus important que tout ce qu'il *avait* dit.

Une paire de mains solitaires, les mains de Mme Levitt, visiblement levées, applaudissaient encore lorsque le visage de M. Hitchin se leva comme une lune rouge derrière elle et un peu à sa gauche ; suivi des épaules à carreaux gris et de la cravate rouge. Il rejeta la tête en arrière, passa un pouce dans chaque emmanchure de son gilet et parla. "Mesdames et messieurs. L'orateur a cité le président Wilson à propos de la sécurité du monde pour la démocratie. Il semble se préoccuper de l'avenir, et, si je puis dire, être un peu déconcerté par l'avenir. Mais il a-t-il prêté attention au passé ? A-t-il considéré la situation de l'ouvrier dans le passé ? A-t-il même considéré la condition de nombreux ouvriers à l'heure actuelle, par exemple celle de l'ouvrier agricole dans ce pays ? Si il connaissait les faits, s'il s'en souciait, il pourrait admettre que, que cela lui plaise ou non, c'est au tour de l'ouvrier.

"Je n'ai pas besoin de demander à M. Waddington s'il connaît la parabole de Dives et de Lazare. Mais je voudrais lui dire ce qu'Abraham a dit à l'homme riche : 'Souviens-toi que tu as reçu tes bonnes choses au cours de ta vie, et de même, les mauvaises choses de Lazare : mais maintenant il est consolé et tu es tourmenté.

"Je ne veux pas que M. Waddington soit tourmenté. Trop tourmenté. Pas plus que ce qui est raisonnable. Un petit tourment - par exemple, son doigt brûlé pendant une fraction de seconde dans cet endroit chaud et désagréable - serait bien." pour lui si cela l'a fait réfléchir. Je dis que je ne veux pas le tourmenter, mais je vais juste lui poser une question : pense-t-il qu'un monde où c'est possible pour un travailleur, simplement parce qu'il *est* un travailleur et ce n'est pas un gentleman anglais, un monde où il est encore possible pour lui, ainsi que sa femme et ses enfants, d'être chassés de leur maison et de leur foyer au gré des caprices d'un gentleman anglais, pense-t-il qu'un monde où de telles choses peuvent être possibles ; est-ce qu'il y a un endroit sûr pour tout le monde ?

"Je peux lui dire que ce n'est pas sûr. Ce n'est pas sûr pour vous et moi. Et si ce n'est pas sûr pour vous et moi, ce n'est pas sûr pour les gens qui font que ces choses se produisent ; et ce n'est pas le cas. Ce n'est pas plus sûr pour ceux qui restent là et les laissent se produire.

"Et si le socialiste, si le bolcheviste est l'homme qui veillera à ce que cela n'arrive pas, si un gouvernement soviétique est le seul gouvernement à veiller à cela, alors le socialiste, ou le bolcheviste, est le homme pour mon argent, et un gouvernement soviétique est le gouvernement pour mon vote. Je ne dis pas, remarquez, qu'il *est* le seul gouvernement, je dis si c'était le cas.

"M. Waddington n'aime pas le bolchevisme. Aucun de nous ne l'aime. Il n'aime pas le socialisme. Je pense qu'il a de fausses idées à ce sujet. Mais il a tout à fait raison quand il vous dit que si vous avez peur du bolchevisme et un gouvernement soviétique, que le remède est entre vos mains. S'il y a un jour un moment de jugement, ce que M. Waddington appellerait une révolution dans ce pays, vous, nous, oui, chacun d'entre nous ici, en aurons fini avec. selon ce que nous faisons.

Il s'assit, et M. Waddington se releva sur son estrade, solennel et un peu pâle. Il regarda autour de la salle pour montrer qu'il n'y avait personne là-bas avec lequel il avait peur d'affronter. Cela aurait pu être le regard d'un homme d'État audacieux et prospère se tournant vers une Chambre turbulente, confiant dans son pouvoir de la maintenir.

« À moins que je l'ai mal entendu, ce que M. Hitchin vient de dire, mesdames et messieurs, ressemblait beaucoup à une menace. Si tel est le cas, nous pouvons féliciter M. Hitchin d'avoir fourni une preuve irréfutable de la nécessité d'une Ligue nationale de la liberté. ".

Il y eut des cris : « Écoutez ! Écoutez ! de Sir John Corbett et de M. Hawtrey de Medlicott.

Puis une chose horrible s'est produite. Léger et bruissant d'abord, puis de plus en plus fort, un sifflement retentit des dernières rangées remplies des hommes du colonel Grainger et de M. Hitchin. Puis des huées. Puis des huées et des sifflements ensemble.

Sir John se hissa sur ses petites jambes et cria : « Ordah, là ! Ordah ! M. Waddington gardait un air indomptablement dédaigneux tandis que Sir John abattait son poing sur la table (probablement la chose la plus énergique qu'il ait jamais faite dans sa vie), avec un grand cri de « Ordah ! On a vu le colonel Grainger et M. Hitchin se retourner à leur place et faire un signe à leurs hommes, et la manifestation a cessé.

M. Waddington s'est alors levé comme si de rien n'était et a déclaré : « Toutes les dames et tous les messieurs souhaitant rejoindre la Ligue devront s'approcher de la plate-forme et donner leur nom à Miss Madden. Toute personne souhaitant s'abonner immédiatement peut payer leurs abonnements à Miss Madden.

"Je vais maintenant attirer votre attention sur le dernier point du programme et vous demander à tous de vous joindre à moi de tout cœur pour chanter "God Save the King"."

Tout le monde, sauf le colonel Grainger et M. Hitchin, s'est levé et tout le monde, sauf les extrémistes de l'opposition, a chanté. Une voix – c'était celle de Mme Levitt – s'élevait avec arrogance, haut et clair, au-dessus des autres.

"Envoyez-le-victorieux,
heureux-et-glorieux. Long-to-oo règne sur Gaw-aw-awd-Save-ther King."

M. Waddington attendait à table à côté de Barbara Madden ; il attendait avec une superbe confiance. Après tout, la démonstration organisée par le colonel Grainger n'avait eu aucun effet. Les premiers rangs et ceux du milieu s'étaient levés et un cortège très considérable commençait à défiler vers l'estrade.

M. Waddington était si concentré sur cette procession, Barbara était si occupée à noter des noms, à saisir des souscriptions et à établir des reçus, Sir John et Lady Corbett et le reste du comité proposé se parlaient si fort et si vite, Ralph et Horace étaient tellement absorbés par l'observation de Barbara qu'aucun d'eux ne voyait ce qui se passait dans le corps de la salle. Seule Fanny captait les signaux échangés entre le colonel Grainger et M. Hitchin, ainsi qu'entre M. Hitchin et ses hommes.

Alors le colonel Grainger s'est levé et a crié : « Je proteste !

M. Hitchin s'est levé et a crié : « Je proteste !

Ils ont crié ensemble : « Nous protestons !

Sir John Corbett s'est précipité vers sa chaise et a crié « Ordah ! et les derniers rangs, les rangs des hommes de Hitchin, se sont levés et ont crié : « Nous ne signerons pas ! "Nous ne signerons pas !" "Nous ne signerons pas !"

Et puis le jeune Horace fit une chose insoupçonnée, une chose qui le surprit lui-même. Il sauta sur le banc avant et fit face aux derniers rangs des insurgés. Son visage était rouge d'excitation, de honte, de colère et de ressentiment inspirés par l'éloquence de son père. Mais il criait de sa voix rauque et cassante d'adolescent :

« Écoutez, vous les canailles là-bas, à l'arrière. Si vous n'arrêtez pas cette dispute cette minute, je vous jetterai tous dehors.

Une seule voix, celle du plus grand et du plus costaud des carriers de M. Hitchin, répondit : « Allez, monsieur !

Le jeune Horace sauta légèrement par-dessus le banc, suivi de Ralph, et tous deux étaient en train de courir dans le couloir lorsque M. Hitchin fit un autre de ses mystérieux signaux et les hommes sortirent docilement, un par un.

Ralph et Horace se retrouvèrent au milieu des bancs vides, se riant au nez. Le colonel Grainger et M. Hitchin se tenaient à leurs côtés, souriant avec une bienveillance intolérable.

M. Hitchin disait : « Les hommes vont bien, M. Bevan. Ils ne veulent aucun mal. Ils sont juste devenus un peu incontrôlables.

Horace voyait qu'ils étaient magnanimes, et cette pensée le rendait fou. « Je ne blâme pas les hommes, » dit-il, « et je ne vous en veux pas, Hitchin. Vous ne savez pas mieux. Mais le colonel Grainger devrait avoir honte de lui-même, et j'espère que c'est le cas. "

Le Colonel Grainger éclata de rire. M. Hitchin aussi, se jetant en arrière et se balançant d'un côté à l'autre tandis que sa gaieté le secouait.

"Regardez ici, M. Hitchin—"

"Ça fera l'affaire, Horry", dit Ralph. Il le conduisit doucement dans une allée latérale et à travers une porte battante dans le couloir caché à côté de la plate-forme. Là, ils attendirent.

"N'imaginez pas un seul instant", dit le jeune Horry, "que je suis d'accord avec tout ce qu'il a dit. Mais, après tout, il a parfaitement le droit de se ridiculiser s'il le souhaite. Et c'est *mon* père. "

"Je sais. Du début à la fin, Horry, tu t'es magnifiquement comporté."

"Eh bien, que ferais *-tu* si ton père se ridiculisait en public ?"

"Ce n'est pas le cas de mon père."

"Non, mais si c'était le cas ?"

"Je ferais ce que tu as fait. Asseyez-vous bien et essayez de faire comme s'il ne l'avait pas fait."

"Alors," dit Horace, "tu as l'air aussi idiot toi-même."

"Pas tout à fait. Vous ne dites rien. En plus, votre père n'est pas aussi idiot que ces London Leaguers qui ont commencé ce spectacle idiot. Sir Maurice Gedge et toute cette foule. Il n'a pas inventé cette chose bestiale."

"Non," dit tristement Horace, "il n'a même pas le mérite de l'originalité."

Il méditait, toujours triste.

« Écoute, Ralph, que voulait dire ce voyou Hitchin ?

" Ce n'est pas un voyou. C'est un brave type. Je peux vous dire que si tous les employeurs de ce foutu pays commercial étaient aussi honnêtes que le vieux Hitchin, il n'y aurait aucune question de travail qui vaille la peine d'être évoquée. "

"Au diable son honnêteté. Que voulait-il *dire* ? Était-ce vrai ce qu'il a dit ?"

"Est-ce que c'est vrai ?"

"Pourquoi, que mon père a chassé les Ballinger ?"

"Oui, j'en ai bien peur."

"Je dis, comme c'est dégoûtant de sa part. Vous savez, j'ai toujours pensé qu'il était un peu idiot, mon père; mais je ne savais pas qu'il était ce genre d'idiot bestial."

"Il ne l'est pas", a déclaré Ralph. "C'est juste... un imbécile."

"Je sais. Avez-vous déjà entendu une pourriture aussi putride pendant qu'il parlait ?"

"Je ne sais pas. Pour le genre de chose stupide que c'était, son discours n'était pas du tout mauvais."

"Quoi ? A propos d'aller trop loin ? Oh, Seigneur ! Et après avoir chassé les Ballinger aussi."

Ralph resta silencieux.

« Que lui est-il arrivé ? Il n'était pas comme ça avant. Il doit être fou, ou quelque chose comme ça.

Ralph pensa à Mme Levitt.

"Il vieillit et il n'aime pas ça. C'est ça son problème."

"Mais arrête tout, Ralph, ce n'est pas une excuse. Ce n'est vraiment pas le cas."

"Je crois que Ballinger l'a provoqué."

"Je me fiche de ce qu'il lui a donné. Il n'aurait aucune raison d'en profiter. Pas avec ce genre de personne. De plus, cela n'aurait pas beaucoup d'importance pour Ballinger, mais il y a la vieille Susan et les enfants.... . Il ne voit pas à quel point c'est parfaitement écoeurant pour *moi* .

"Ce n'est pas très gentil pour ta mère."

"Non, c'est très dur pour le pauvre mater... Eh bien, je ne peux pas tenir plus longtemps. J'en ai presque marre d'Horatio Bysshe. Je partirai tôt demain matin avant qu'il ne soit couché. Je ne le fais pas." Je m'en fiche si je ne le revois plus jamais ou si je ne lui parle plus jamais.

"Je dis, je dis, et les vacances d'été ?"

"Oh, au diable les vacances d'été !"

"N'est-ce pas plutôt pourri de prendre une ligne que tu ne peux pas suivre ?"

"C'est bon. Quoi que je fasse à l'avenir", dit magnifiquement le jeune Horace, "je dois lui donner sa punition *maintenant* ."

Ralph rit. Le jeune Horace était aussi égoïste que son père, mais avec ces différences : son sang était chaud au lieu de froid, il avait l'humour de sa mère et il n'était pas idiot. Ralph se demandait ce qu'il aurait ressenti s'il avait réalisé le rôle de Mme Levitt dans l'affaire Ballinger.

3

M. Waddington est resté debout sur son estrade. Ils l'entouraient maintenant, le saisissant par la main, le félicitant : Sir John Corbett, le recteur, le major Markham de Wyck Wold et M. Hawtrey de Medlicott.

"Discours capital, Waddington, capitale."

"Le meilleur discours prononcé à la mairie depuis sa construction."

"Splendide. Vous en avez décroché un à chaque fois."

"Pas étonnant que tu les aies attirés vers toi."

"C'était une affaire honteuse", a déclaré Sir John. "Honteux."

"Rien de pareil ne s'est jamais produit à Wyck auparavant", a déclaré le recteur.

"Personne n'a jamais prononcé un discours comme celui de Waddington auparavant", a déclaré le major Markham de Wyck Wold.

"Oh, vous obtenez toujours des disputes si vous vous traînez en politique", a déclaré M. Hawtrey.

"Je ne sais pas", a déclaré Sir John. "C'était un travail improvisé entre Hitchin et Grainger."

"J'ai été frappé par l'apparence d'une explosion spontanée", a déclaré le major Markham.

"Je suis convaincu que l'élément tapageur est venu de l'extérieur", a déclaré le recteur. "Presque un des ouvriers de Hitchin est un homme de Wyck. Sinon, je devrais m'excuser auprès de Waddington pour mes paroissiens."

"Ce n'est pas nécessaire. Il n'y avait rien de personnel pour moi là-dedans. Rien de personnel du tout. Même Hitchin n'aurait pas eu l'impudence de s'opposer à moi sur ma propre plate-forme. C'était la Ligue qu'ils recherchaient. Un peu trop gros pour moi. Si vous proposez une chose importante comme celle-là, il y aura sûrement une certaine opposition au début jusqu'à ce qu'elle les attrape.

"Je suis heureux que vous puissiez voir les choses de cette façon", a déclaré Sir John.

"Mon cher, c'est comme ça qu'il faut voir les choses. C'est la bonne façon, la grande façon impersonnelle."

"Vous l'avez pris dans le bon esprit, Waddington", dit le recteur. "Aucun de ces gars ne voulait vraiment de mal. Tous de bons gars... Au fait, est-il vrai que les Ballinger ont déménagé à Lower Wyck ?"

"Je le crois."

"Cher moi, qu'est-ce qui les possédait ?"

"Une mode de Ballinger, j'imagine."

"Cela me rappelle que je dois aller voir Mme Ballinger."

"Vous ne les trouverez pas là-bas, monsieur. Ils ont de nouveau déménagé chez   son   père   à Medlicott."

"Tu ne le dis pas. Je me demande maintenant pourquoi ils ont fait ça."

"Ils se sont plaints de l'humidité de la maison, pour une raison. Si c'était le cas, c'était la faute de Hitchin, pas la mienne."

Est-ce que tout le monde avait un complot pour le harceler à propos de ces misérables   Ballinger   ?
Il en avait marre. Et il voulait dire un mot à Mme Levitt.

Mme Levitt était arrivée en queue du cortège. Elle avait donné son nom et sa souscription à Barbara Madden ; mais elle s'attardait, attendant sans doute un mot avec lui. Si seulement Corbett et les autres pouvaient y aller.

"Bien sûr. Bien sûr que c'était la faute de Hitchin", dit le recteur avec une bonhomie impérissable. "Eh bien... Bonne nuit, Waddington, et merci pour cette soirée des plus—des plus stimulantes."

Ils étaient partis désormais, tous sauf Sir John et Lady Corbett. (Il pouvait l'entendre parler à Fanny au fond de la plate-forme.) Mme Levitt rassemblait son écharpe autour d'elle ; dans une minute, elle serait partie. Et Corbett ne voulait pas y aller.

"Je dis, Waddington, c'est un splendide jeune lionceau. Le voir aller au-dessus ? Il les aurait tous pris. Les léchés aussi, je ne devrais pas me demander."

M. Waddington était mécontent de ce détournement du courant d'admiration. Et il était parfaitement conscient de la présence de Mme Levitt là, détachée mais attendant.

« Est-ce que je vais vraiment bien, Corbett ? Il n'était pas satisfait de son discours.
Si seulement il pouvait se souvenir de ce qu'il avait oublié.

"Absolument, mon cher gars. Absolument génial. Vous devriez faire de ce garçon un soldat."

Il souhaitait que le jeune Horace puisse être soldat à ce moment-là, stationné dans une partie reculée de l'Empire, sans aucune chance de congé pendant les cinq années à venir. Il voulait… il voulait intolérablement parler à Mme Levitt, s'étaler voluptueusement dans son sourire rajeunissant.

Sir John se retira devant son indifférence manifeste. Il l'entendait au fond de l'estrade féliciter Fanny.

Mme Levitt s'avança vers lui.

« Enfin, dit-elle, je peux ajouter mes félicitations. Ce discours était magnifique.

"Rien, ma chère dame, rien qu'un peu de franchise nécessaire."

"Oh, mais tu as été merveilleux. Tu nous as emportés."

"J'espère," dit-il, "nous vous avons inscrit comme membre ?" (Il savait que oui.)

"Bien sûr que je suis inscrit. Et j'ai payé ma pauvre petite guinée à cette charmante Miss Madden."

"Ah, c'est *trop* gentil de ta part."

C'était. Le montant de la souscription était purement une question de fantaisie individuelle.

"C'est le moins que je puisse faire pour une si belle cause."

"Eh bien, chère Mme Levitt, nous sommes ravis de vous avoir parmi nous. Enchantés."

Il y eut une pause. Il la regardait du haut de ses six pieds. Le léger et doux parfum de racine d'iris s'échappait de sa peau chaude. Elle était très attirante, vêtue d'une robe décolletée de cette étoffe terne et satinée que les femmes portaient maintenant. Une fine bande de filet blanc était tendue sur le haut de ses seins ; à travers elle, il pouvait voir le sillon sombre en forme de flèche entre les deux ; son pendentif – perle bistre et pâte – pointait, pointait vers elle.

Il avait tort à propos d'Elise et des bijoux. C'était une gorge pour les perles et les diamants. Émeraudes. Elle serait toute en noir et blanc et d'un vert étincelant. Un collier, pensa-t-il, ne lui pendrait pas ; il serait étendu, exposé sur ce sein blanc comme sur un coussin. On ne pouvait jamais dire à quoi ressemblait vraiment une femme avant de l'avoir vue dans une robe décolletée. Cela rendait Mme Levitt dix fois plus séduisante. Il lui sourit, un sourire tendre, maussade et plutôt stupide.

Mme Levitt comprit que son moment était venu. Ce serait maintenant ou jamais. Elle doit prendre le risque.

"J'aimerais," dit-elle, "tu me présenterais à ta femme."

Ce fut un choc, un coup horrible. Cela montrait bien qu'Elise avait des intérêts qui le dépassaient, qu'elle n'était pas, comme lui, tout à fait favorable à l'aventure secrète et solitaire.

Pourtant, peut-être – peut-être – avait-elle prévu cela ; elle pensait que ce serait plus sûr pour eux, plus discret.

Elle le regarda avec son vieux sourire irréfutable.

"Veux-tu?" a-t-elle plaidé.

"Eh bien, je ne suis pas sûr de savoir où *est ma femme* . Elle était ici il y a une minute, en train de parler à Lady Corbett."

Il regarda autour de lui. Un large écran gardait la porte donnant sur le quai. Il pouvait voir Lady Corbett et Fanny disparaître derrière.

"Je—je vais aller la chercher", dit-il. Il méditait la trahison. Trahison envers la pauvre Élise.

Il les suivit à travers la porte et descendit les marches jusqu'au couloir caché. Il y trouva Ralph Bevan. Horace était parti.

"Je dis, Ralph, j'aimerais que tu ramènes Fanny à la maison. Elle est fatiguée. Sortez-la de là. Je serai là encore une demi-heure de plus, à régler mes comptes. Vous pourriez dire à Kimber de revenir pour moi et Miss Madden. ".

Maintenant, pour accéder à l'entrée, il fallait passer par la porte battante dans le hall et descendre l'allée latérale jusqu'en bas, de sorte que Mme Levitt soit témoin de la sortie de Mme Waddington avec Ralph Bevan. M. Waddington. Il attendit que les portes du hall se soient refermées sur eux avant de revenir.

"Je ne trouve ma femme nulle part", a-t-il déclaré. " Elle n'était pas au vestiaire, donc je pense qu'elle a dû repartir avec Horace. "

Mme Levitt croirait que Fanny avait disparu pendant qu'il la cherchait honorablement dans le vestiaire.

"Je l'ai vue sortir", dit froidement Mme Levitt, "avec M. Bevan."

"Je suppose qu'il la ramène à la maison," dit-il vaguement. Sa meilleure politique était le flou. "Et maintenant, ma chère dame, j'aimerais pouvoir *vous ramener* à la maison. Mais je serai retenu ici pendant un petit moment. Pourtant, si cela ne vous dérange pas d'attendre une minute ou deux jusqu'à ce que Kimber revienne avec la voiture, il conduira toi."

"Merci, M. Waddington, j'ai bien peur d'avoir attendu assez longtemps. Cela ne vaut pas la peine de déranger Kimber pour qu'elle me conduise sur une centaine de mètres."

Cela lui faisait plaisir d'infliger ce camouflet à M. Waddington en échange de sa manœuvre. Comme la réunion était maintenant terminée et qu'il n'y aurait personne pour assister à son départ dans la voiture des Waddington, Mme Levitt calcula qu'elle pouvait se permettre cette petite satisfaction de ses sentiments. Elles furent intensifiées par la détresse très évidente de M. Waddington. Il aurait dû marcher avec elle pendant les cent mètres jusqu'à Sheep Street, mais elle n'en aurait pas entendu parler. Elle était parfaitement capable de se voir chez elle. Miss Madden l'attendait. Bonne nuit.

4

Onze heures. Dans la bibliothèque où M. Waddington buvait son whisky et son eau, Fanny pleurait. Horry s'était dirigé vers sa chambre sans dire bonsoir à personne. Barbara s'était retirée discrètement. Ralph Bevan était parti. Et quand Fanny pensait aux sacs de lavande que Susan-Nanna envoyait chaque année à Noël, elle avait pleuré.

"Comment as-tu pu le *faire*, Horatio ? Comment *as-tu pu le faire* ?"

"Il n'y avait rien d'autre à faire. Vous ne pouvez pas vous attendre à ce que je partage votre point de vue sentimental sur Ballinger."

"Ce n'est pas Ballinger. C'est la pauvre Susan-Nanna, les bébés et les sacs de lavande."

M. Waddington se balançait doucement de haut en bas sur la pointe des pieds. "Cela fait bien à la pauvre Susan-Nanna d'épouser Ballinger."

"Oh—je suppose que ça *me sert* aussi—"

Même si elle serrait les mains très fort, elle ne pouvait retenir ce petit accès de colère.

Il souriait de son sourire particulier et voluptueux. "C'est bien pour vous ? Pour avoir gâté tout le monde dans le village ? C'est effectivement le cas."

— Vous ne voyez pas du tout ce que je veux dire, dit Fanny.

Mais après tout, elle était contente qu'il ne l'ait pas vu.

Il n'avait rien vu. Il n'avait pas vu qu'elle pleurait. Il ne lui était jamais venu à l'esprit qu'elle pourrait se soucier de Susan-Nanna, ou que les Ballinger pourraient aimer leur maison, leur jardin et leurs buissons de lavande. Il était comme ça. Il ne voyait rien et s'en fichait.

Il était de retour dans son triomphe de la soirée, répétant encore et encore les compliments et les félicitations : « Le meilleur discours jamais prononcé à l'Hôtel de Ville… » Mais il y avait quelque chose, quelque chose qu'il avait oublié.

"Est-ce que tu n'as jamais réalisé que..." dit Fanny.

Ah, *maintenant* il l'avait.

"Là!" il a dit. "Je savais que j'avais oublié quelque chose. Je n'ai jamais parlé de l'heure la plus sombre avant l'aube."

L'esprit de Fanny s'était égaré de ce qu'elle allait dire. « As-tu vu ce qu'Horry a fait ? dit-elle à la place.

"Tout le monde pouvait le voir. C'était absolument inutile."

"Je m'en fiche. Réfléchis, Horatio. Pense au fait qu'il te défende comme ça. Il allait les combattre, ma chère, tous ces grands hommes durs. Pour les combattre pour *toi* . Il a dit qu'il se comporterait bien." mieux que quiconque, et il l'a fait."

"Oui, oui. Il s'est très bien comporté." Maintenant qu'elle le lui expliquait ainsi, il était touché par le comportement d'Horace. Il pourrait toujours être touché à l'idée de tout ce que vous faites pour *lui* .

Mais Ralph Bevan aurait pu dire à Fanny qu'elle se trompait. Le jeune Horace ne le faisait pas entièrement pour son père ; il l'a fait pour lui-même, pour un idéal de conduite, un idéal d'honneur qu'il avait, pour se défouler, faire sensation à la Mairie, se sentir magnifique et courageux ; parce que lui aussi était un égoïste, quoique délicieux.

M. Waddington est revenu sur son discours. "Je ne comprends pas ce qui m'a fait oublier cette histoire de l'aube."

"Oh, dérange ton ancienne aube", dit Fanny. "Je vais au lit."

Elle y est allée, consolé. "Cher Horry," pensa-t-elle, "je suis contente qu'il ait fait ça."

VIII

1

L'affaire Ballinger ne s'est pas terminée avec la manifestation à l' Hôtel de Ville. Cela a eu des conséquences imprévues et d'une portée considérable.

Le premier d'entre eux figurait dans une lettre que M. Waddington a reçue de M. Hitchin :

"CHER MONSIEUR,-

" *Concernant* mon estimation pour la décoration et la construction supplémentaire de la maison de Mme Levitt, je vous informe que des circonstances récentes m'ont rendu impossible d'accepter le contrat. Je dois donc vous demander de transférer votre précieuse commande à une autre entreprise.

"Fidèlement votre,

"THOMAS HITCHIN."

M. Hitchin exprima encore plus clairement son attitude envers le contremaître de ses travaux. « Je ne vais pas construire des salles de bains, des boudoirs et des chambres pour ça… » Le mot qu'il choisit compléta l'allitération. De sorte que M. Waddington a été obligé d'employer un constructeur de Cheltenham dont l'estimation dépassait de trente livres celle de M. Hitchin.

Et le refus de M. Hitchin a été ressenti, même par ceux qui n'étaient pas d'accord avec ses estimations, comme une protestation morale qui lui faisait honneur. Cela a impressionné l'imagination populaire. Dans l'imaginaire populaire, Mme Levitt était désormais inextricablement mêlée à l'affaire Ballinger. La sympathie du public était entièrement tournée vers Ballinger, chassé de sa maison et contraint de se réfugier chez le père de sa femme à Medlicott, contraint de parcourir deux milles et demi chaque jour pour se rendre à son travail et revenir. Le recteur et le major Markham de Wyck Wold, méditant sur l'affaire Ballinger alors qu'ils revenaient ce soir-là de l'hôtel de ville, la déclarèrent mystérieuse.

"Il était peu probable", a déclaré le major Markham, "que Ballinger, de sa propre initiative, quitterait une maison confortable de Sheep Street pour un cottage humide à Lower Wyck."

« Était-il probable, dit le recteur, que Waddington le mettrait à la porte ? Il ne pouvait pas croire que le vieux Waddington puisse faire quelque chose de pareil.

"À moins que," suggéra le major Markham, "il ait été attaqué. Mme Levitt l'a peut-être attaqué." C'était un brave type, vieux Waddy, mais il serait très faible entre les mains d'une femme intelligente et sans scrupules.

Le recteur a déclaré qu'il pensait qu'il n'y avait aucun mal chez Mme Levitt, et le major Markham a répondu qu'il n'aimait pas son apparence.

Un vague scandale éclata à Wyck-on-the-Hill. Cela allait de bouche en bouche dans les bars et les arrière-boutiques ; Le major Markham l'a transporté dans son automobile de Wyck Wold aux halls et manoirs de Winchway et Chipping Kingdon et Norton-in-Mark. Il a pris une base encore plus solide dans le comté qu'à Wyck, avec pour conséquence qu'une vieille dame a retiré son abonnement à la Ligue et que lorsque M. Waddington a commencé sa campagne de rassemblement du comté, le comté a refusé d'être rassemblé. Et les grandes villes, Gloucester, Cheltenham et Cirencester, étaient singulièrement apathiques. On a laissé entendre à M. Waddington que si les autorités locales jugeaient bon de s'attaquer à la question, quelque chose serait sans aucun doute fait, mais les grandes villes ne s'inquiétaient pas de l'imposition d'une Ligue nationale de la liberté depuis Wyck-on-the-Hill. .

La Ligue n'est pas morte d'un seul coup de Mme Levitt. Très peu de temps après la réunion inaugurale, le Comité s'est réuni à Lower Wyck Manor et a nommé M. Waddington président. Il organisa une série de réunions mensuelles à l'hôtel de ville au cours desquelles M. Waddington prendrait la parole (« Cela, dit Fanny, vous donnera quelque chose à espérer chaque mois. ») Ainsi, le samedi 19 juillet, il parlerait de « La vérité sur le bolchevisme ». Il fut également décidé que la Ligue pourrait être très utile lors d'élections partielles dans le comté, s'il y en avait jamais, et M. Waddington prépara en imagination un grand discours qu'il pourrait utiliser à des fins électorales.

Le 19 juillet, dix-sept personnes, en comptant Fanny et Barbara, se sont présentées à la réunion: Sir John Corbett (Lady Corbett n'a malheureusement pas pu y assister), le recteur sans son épouse, le major Markham de Wyck Wold, M. Bostock de Parson's Bank, Kimber et Partridge et Annie Trinder du Manoir, la propriétaire du White Hart, le boucher, l'épicier et le poissonnier avec qui M. Waddington faisait affaire, trois fermiers qui approuvaient sa détermination à maintenir les salaires bas, et Mme Levitt. Lorsqu'il s'assit et but de l'eau, il y eut de faibles applaudissements menés par Mme Levitt, Sir John et le recteur. Le 16 août, le public s'était réduit à Mme Levitt, Kimber et Partridge, le boucher, l'un des trois fermiers et un visiteur séjournant au White Hart. M. Waddington a parlé de « Ce que la Ligue peut faire ». En raison d'un manque soudain et imprévu de ses idées, il fut obligé de se rabattre sur son discours électoral et de montrer combien la Ligue serait utile si à un moment donné il y avait une élection partielle dans le comté. Le bruit des mains de Mme Levitt éclata dans un espace silencieux. Personne, pas même Kimber ou Partridge, n'allait suivre l'exemple de Mme Levitt.

"Tu devras y renoncer", dit Fanny. "La prochaine fois, il n'y aura personne d'autre que Mme Levitt." Et avec la vision devant lui de tous ces bancs stupides et vides et de Mme Levitt, cette chère femme courageuse et courageuse, toute seule, M. Waddington a admis qu'il devrait y renoncer. Non qu'il se reconnaisse battu ; non pas qu'il ait renoncé à son opinion sur la Ligue.

"C'est un peu trop gros pour eux", dit-il. "Ils ne peuvent pas le comprendre. Des esprits endormis. Vous ne pouvez pas les réveiller s'ils ne le sont pas."

Il est sorti de sa défaite avec un sentiment ininterrompu de supériorité intellectuelle.

2

Ainsi la Ligue languit et s'éteignit ; et M. Waddington, en l'absence de ce champ d'activité personnelle, languissait également. Malgré sa supériorité intellectuelle, peut-être à cause d'elle, il languissait jusqu'à ce que Barbara lui fasse remarquer que la situation avait ses avantages. Il pouvait enfin continuer son livre.

"Si seulement tu pouvais le démarrer et le maintenir", dit Fanny, "je te bénirai pour toujours."

Mais il n'a pas été facile ni de le démarrer ni de le maintenir. Pour commencer, comme Ralph l'avait prévenue, l'œuvre elle-même, *Ramblings Through the Cotswolds* , était dans un désastre épouvantable, et M. Waddington semblait avoir épuisé son élan initial pour le mettre dans ce désordre. Il s'était lancé dans ses pérégrinations sans aucun plan arrêté. "Un randonneur", dit-il, "ne devrait pas avoir un plan arrêté". De sorte que vous retrouveriez M. Waddington, partant de Wyck-on-the-Hill et arrivant à Lechford dans la vallée de la Tamise, pour arriver dans la vallée du Windlode ou du Speed. Vous le trouveriez à la page vingt-sept en train de boire de la bière au Lygon Arms à Chipping Kingdon, et à la page vingt-huit regardant la plaine d'Evesham depuis les hauteurs au sud de Cheltenham. Il se détournerait de cette perspective et, sans traverser de terrain intermédiaire, reviendrait là où on l'attendait le moins, dans son manoir sous Wyck-on-the-Hill. Car même s'il n'avait pas de plan précis, il avait une idée fixe, et quel que soit le chemin qu'il parcourait, il revenait invariablement à Wyck. Pour M. Waddington, Wyck-on-the-Hill était la seule étable, le seul endroit précis de la surface de la terre, et cela l'a amené à traiter la carte du Gloucestershire entièrement en référence à Wyck-on-the-Hill, de sorte que tout ses divagations étaient compliquées par la nécessité qui lui était imposée de partir et d'y revenir.

Voilà tout ce que Barbara a fait après avoir copié les quarante premières pages, créant ainsi la première clairière dans la jungle de M. Waddington. Les clairières, expliqua-t-elle à Ralph, vous brisaient le cœur. Ce n'est que lorsque vous avez rendu la chose propre et bien rangée que vous avez réalisé la profonde confusion spirituelle qui se cachait derrière tout cela.

Après cette quarantième page, les Ramblings se sont empilés et mélangés en trois couches interpénétrées. Il y avait d'abord la couche originale de Waddington, puis une couche de Ralph superposée à Waddington et s'abattant sur lui ; puis une couche supérieure de Waddington, frappant Ralph. Premièrement, le chaos primitif de Waddington ; puis l'esprit de Ralph se déplaçait dessus et y apportait la lumière et l'ordre ; puis Waddington à nouveau, l'envahissant et ramenant le tout à l'obscurité et à la confusion. À partir du moment où Ralph y est entré, la progression du livre a été une lutte entre ces deux principes, et Waddington ne pouvait jamais laisser Ralph tranquille, tant il était déterminé à imprimer au livre sa propre personnalité.

« Après tout, dit Ralph, c'est *son* livre.

"S'il pouvait seulement s'éloigner de Wyck, pour que vous puissiez voir où *se trouvent les autres endroits* ", gémit-elle.

"Il ne peut pas y échapper parce qu'il ne peut pas s'éloigner de lui-même. Son esprit est égocentrique et son ego vit en Wyck."

Barbara avait dû demander à Ralph de l'aider. Ils étaient maintenant ensemble dans la bibliothèque, travaillant sur les Ramblings pendant l'un des vols périodiques de M. Waddington vers Londres.

"Il pense qu'il se promène à travers le pays, mais il se promène en réalité autour de lui-même. Tout le temps, il ne pense qu'à lui-même."

"Oh, allez, il a beaucoup pensé à son ancienne Ligue."

"Non, la Ligue n'était qu'une extension de son ego."

"Cela devait être ce que Fanny voulait dire. Nous regardions son portrait et j'ai dit que je me demandais à quoi il pensait, et elle a dit qu'elle se demandait avant et que maintenant elle savait. Bien sûr, c'est lui-même. C'est ce qui le rend si beau. absurdement solennel. »

"Oui, mais réfléchis-y. Réfléchis. Cet homme ne s'est jamais soucié de rien ni de personne sauf de lui-même."

"Oh, il tient à Fanny."

"Non. Non, ce n'est pas le cas. Il se soucie de sa femme. C'est une chose très différente."

"Eh bien, il se soucie de sa vieille mère. Il s'en soucie vraiment."

"Oui, et tu sais pourquoi ? C'est uniquement parce qu'elle le fait se sentir jeune. Il déteste Horry parce qu'il ne peut pas se sentir jeune quand il est là."

"Pourquoi, oh pourquoi, cet ange Fanny l'a-t-il épousé ?"

"Parce qu'elle n'est pas un ange. C'est une mortelle et elle voulait un mari et des enfants."

"Il n'y avait personne d'autre ?"

"Je ne crois pas... disponible. L'homme qu'elle aurait dû épouser était déjà marié."

« Est-ce que ma mère l'a épousé ?

"Oui. Et *ma* mère a épousé le meilleur suivant… C'était aussi clair et simple que tout cela. Et vous voyez, plus c'était clair et simple, plus elle comprenait pourquoi elle épousait Horatio, plus elle l'idéalisait. Il voulait du camouflage."

"Je vois."

"Alors tu dois te rappeler que ses gens étaient dans une situation difficile et qu'il les aidait. Il faisait toujours des choses pour eux. Il gérait toutes les affaires de Fanny pour elle avant de l'épouser."

"Alors… il fait des choses gentilles."

"Beaucoup. Quand il veut avoir quelque chose. Il voulait avoir Fanny…. En plus, il le fait pour avoir du pouvoir, pour avoir une emprise sur toi. C'est vraiment pour lui tout le temps. Cela lui donne une certaine simplicité et pureté. Ce n'est pas un snob. Il ne pense pas à son argent, ni à ses biens, ni à ses ancêtres – il en a des tas – qui ne comptent pas. »

"Et son livre ? Ça n'a pas d'importance ?"

"C'est vrai, et encore une fois, ce n'est pas le cas. Il prétend qu'il le fait uniquement pour s'amuser, mais c'est en réalité une projection de son ego dans les Cotswolds. D'un autre côté, il détesterait que vous le preniez pour un écrivain. homme quand il est Horatio Bysshe Waddington. C'est comme ça qu'il s'est mis dans un tel pétrin, parce qu'il ne peut pas s'éloigner de lui-même et de son manoir.

"Fier de son Manoir, en tout cas."

"Oh, oui. Non pas, remarquez, parce que c'est un parfait Tudor du XVIe siècle, *ni* parce que le comte de Warwick l'a donné à l'arrière-arrière-grand-père de son arrière-grand-père, mais parce que c'est son manoir. Le manoir d'Horatio Bysshe Waddington. De Bien sûr, ça doit être comme ça parce que n'importe quel autre type de Manoir ne serait pas assez bien pour Bysshe. »

"C'est aussi une extension de son ego ?"

"Oui. L'ego d'Horatio se déploie en ailes et éclate en pignons surmontés d'une boule et déborde dans un joli jardin et un parc. Il n'y a pas un arbre, il n'y a pas une fleur qui ne contienne des morceaux d'Horatio. "

"Si je pensais que je ne devrais plus jamais vouloir revoir des roses et des pieds d'alouette."

"Cela n'arrive que dans l'esprit d'Horatio. Mais cela arrive."

Alors, à eux deux, petit à petit, ils l'ont fait sortir.

Et ils ont rédigé le livre. Ici et là, sur des feuillets séparés, de grandes étendues de lumière éloignées, apportées par Ralph, devaient être insérées, ainsi que des croquis de matières sombres et non développées, jaillies de Waddington, à insérer également. Ni Ralph ni Barbara n'ont pu les adapter. La seule chose à faire était de le recopier tel quel et de l'arranger ensuite. Et bientôt il apparut qu'il manquait deux pages.

Un soir, le soir du retour de M. Waddington, à la recherche des pages perdues, Barbara fit sa grande découverte : une liasse de manuscrits, cent vingt pages de la main de Ralph, cachée au fond du bureau, froissée comme un papier. une main ennemie l'avait mis hors de vue. Elle l'a emmené au lit et l'a lu là-bas.

Cent vingt pages de pur Ralph sans aucune trace de Waddington. Il semblait faire partie du livre de M. Waddington, et pourtant n'en faisait pas partie, car il était inconcevable qu'il appartienne à autre chose qu'à lui-même. Ralph n'a pas divagué ; il est allé directement vers les choses qu'il avait vues. Il a vu les Cotswolds autour de Wyck-on-the-Hill, il vous les a fait voir, tels qu'ils étaient : les hautes courbes des collines, multipliées, renversées, les unes après les autres ; les carrés, les oblongs, les vandykes et les éventails étalés des champs ; et leurs nombreuses couleurs; vert herbe des pâturages, vert émeraude du jeune blé, vert blanc de l'orge ; vert brillant et métallique des navets; le rose, le brun, le violet jachère, le jaune canari vif du charlock. Et les arbres, les longues processions d'arbres le long des grandes routes bordées d'herbe ; des arbres garnissaient les flancs et les aines des collines divisées, des crêtes sombres surmontant leurs bords.

Ralph savait ce qu'il faisait. Il se promenait avec les fermiers et les ouvriers agricoles ; il suivait les labours, les semailles et la moisson, l'alimentation et la traite du bétail, le soin des brebis en travail et des agneaux. Il allait la nuit dans les pâturages des hautes terres avec les bergers ; il pourrait vous parler des bergers. Il s'asseyait avec les femmes du village au coin du feu et écoutait leurs discussions ; il pourrait vous parler des femmes du village. M. Waddington ne vous a rien dit d'important.

Elle apporta le manuscrit à Ralph au White Hart avec une note expliquant comment elle l'avait trouvé. Il est venu en courant pour rentrer chez lui avec elle.

"Saviez-vous que c'était là ?" dit-elle.

"Non. Je pensais l'avoir perdu. Tu vois ce que c'est ?"

"Une partie de votre livre."

"Le livre d'Horatio."

"Mais tu l'as écrit."

"Oui. C'est pour cela qu'il m'a viré. Il en a eu assez et m'a demandé de continuer. Il appelait ça travailler son matériel. J'ai continué comme ça, et il ne l'a pas voulu. Il a dit que c'était mal écrit – des phrases saccadées et courtes – qu'il devrait le réécrire. Eh bien, je ne le laisserais pas faire ça, et il ne l'aurait pas tel quel.

"Mais... c'est beau, vivant et réel. Que veut-il de plus ?"

"Le cachet de sa personnalité."

"Oh, il tamponnerait *dessus* , d'accord."

"Je suis content que tu l'aimes."

" *J'aime* ça. N'est-ce pas ?"

Ralph a dit qu'il pensait qu'il l'aurait aimé quand il l'avait écrit, mais maintenant il ne le savait plus.

"Tu le sauras quand tu l'auras terminé."

"Je ne pense pas que je le terminerai", a-t-il déclaré.

"Mais tu dois le faire. Tu ne peux pas *ne pas* finir une chose comme ça."

"J'avoue que j'aimerais le faire. Mais je ne peux pas le publier."

"Pourquoi pas ?"

"Oh, ce ne serait pas juste envers le pauvre vieux Waddy. Après tout, je l'ai écrit pour lui."

" Qu'importe ? S'il ne le veut pas. Bien sûr, vous le terminerez, et bien sûr vous le publierez. "

"Eh bien, mais tout est Cotswold, voyez-vous. Et *lui, c'est* Cotswold. Si c'est *bon* , vous savez, je n'aimerais pas... trop, me mettre en travers de son chemin. C'est son jeu. Au moins, il a commencé."

"C'est un jeu auquel deux peuvent jouer, écrire des livres sur les Cotswolds."

"Non. Non. Ce n'est pas le cas. Et il est entré le premier."

"Eh bien, laissez-le entrer en premier. Vous pourrez sortir votre livre après."

« Et lui servir le sien ?

"Non, laissez-le d'abord courir. Peut-être qu'il n'y aura pas de course."

"Peut-être que le mien ne le fera pas."

" *Le vôtre* . Ce livre céleste ? Et son tosh... Ne voyez-vous pas que vous *ne pouvez pas* le gêner ? Si quelqu'un le lit, ce ne seront pas les mêmes qui vous liront. "

"J'espère que non. Ce serait quand même assez bestial de l'exclure ; je veux intervenir et faire mieux, montrer à quel point il est mauvais, à quel point il est effrayant. Ce serait le faire ressortir, vous savez."

"Pas avec lui. Tu ne pourrais pas."

"Tu ne sais pas. Une brute pourrait se lever et lui faire du mal avec."

"Oh, tu *es* tendre avec lui."

"Eh bien, tu vois, je l'ai laissé tomber en le quittant. D'ailleurs, ce n'est pas tout à fait lui. Il y a Fanny."

"Fanny ? Elle adorerait que tu écrives ton livre."

"Je sais qu'elle le penserait. Mais elle n'aimerait pas que cela donne à Horatio un imbécile."

"Mais il aura forcément l'air idiot de toute façon."

"C'est vrai. Je pourrais lui donner un an, ou deux ans."

"Eh bien, *j'ai* du pain sur la planche. Il faudra que je fasse avancer Horatio et qu'il finisse vite, pour ne pas vous faire attendre."

"Il en aura marre. Il vous fera continuer."

" *Moi?* "

"En pratique, et querellez-vous avec chaque mot que vous écrivez. À moins que vous puissiez écrire comme Horatio de telle sorte qu'il pensera qu'il l'a fait lui-même. Et puis, vous savez, il ne laissera plus un mot de moi. Vous aurez pour me faire sortir. Et nous sommes tellement mélangés que je ne crois même pas qu'il puisse nous trier. Vous voyez, pour l'apaiser, j'ai pris l'habitude de donner à mes phrases une tournure waddingtonienne. j'aurais pu continuer comme ça—"

"Je vais devoir lécher la chose pour lui donner forme d'une manière ou d'une autre."

"Il n'y a qu'une seule chose que vous aurez à faire. Vous devez lui faire suivre la bonne voie. C'est être *le* guide des Cotswolds. Vous ne pouvez pas lui permettre de renvoyer des gens à Lower Wyck Manor tout le temps. Vous" Il faudra connaître tous les endroits et tous les chemins.

"Et je ne le fais pas."

"Non. Mais je le fais. Supposons que je vous emmène sur ma moto ? Cela vous dérangerait-il vraiment de vous asseoir sur le porte-bagages ?"

"Pensez-vous," dit-elle, "qu'il me laisserait partir ?"

"Fanny le fera."

"Je *pourrais* , je pense. Je travaille tellement dur le matin et le soir qu'ils m'ont donné tous les après-midi."

"Nous pourrions y aller tous les après-midi tant que le temps le permet", a-t-il déclaré. Et puis : "Je dis, il nous *rassemble* ."

C'est ainsi que commença la vie heureuse de Barbara.

3

Il les a réunis.

Dans les mois terribles qui suivirent, alors qu'elle luttait pour l'ordre et la clarté contre M. Waddington, qui s'efforçait de se réintégrer dans son obscure confusion, Barbara était soutenue par la pensée qu'en travaillant pour M. Waddington, elle travaillait pour Ralph Bevan. Plus elle travaillait dur pour lui, plus elle travaillait dur pour Ralph. Avec toute sa ruse et sa petite volonté indomptable, elle le poussa et le poussa à continuer et à laisser la place à Ralph. M. Waddington a interposé toutes sortes d'obstructions et de retards irritants. Il restait assis pendant des heures, méditant solennellement, incapable de terminer ou d'abandonner le paragraphe qu'il avait commencé. Il avait quitté les grands chemins et errait maintenant dans des chemins détournés si complexes qu'il était incapable de se rendre compte clairement de lui-même. Lorsque Barbara en avait fait une copie nette, le rôle de M. Waddington n'avait pas toujours de sens. Les seuls morceaux qui pouvaient tenir debout étaient ceux de Ralph, et c'étaient ceux que M. Waddington ne voulait pas laisser reposer. La clarté même de la copie était une lumière flamboyante sur le désordre désespéré dans lequel elle se trouvait. Même M. Waddington pouvait le voir.

"Pensez-vous," dit-elle, "que nous avons tout noté dans le bon ordre ?" Elle a pointé du doigt.

" *Qu'est* ce que c'est?" Elle pouvait voir ses mains trembler d'agacement. Ses joues lâches tremblaient alors qu'il réfléchissait.

"Ce n'est pas comme *je* l'ai écrit", dit-il enfin. "C'est Ralph Bevan. Il n'a pas été du tout bon avec moi. Il n'y a pas de fin au mal qu'il a fait. Un type vaniteux, plein de lui-même et de ses propres idées. Maintenant, je vais devoir revoir chaque ligne qu'il a écrite et réécrivez-le. Je préfère écrire une douzaine de livres moi-même plutôt que de réparer le mauvais travail d'un autre… Nous devons tout réviser et éliminer tout ce qu'il a fait.

"Mais tu es tellement confus que tu ne peux pas toujours le dire."

Il la regarda. "Soyez sûr que si un passage est obscur, confus ou mal écrit, ce n'est pas le mien. Celui que vous m'avez montré, par exemple."

Puis Barbara a eu une autre de ses idées. Comme ils étaient tellement mélangés que M. Waddington ne pouvait pas dire lequel était lequel, et comme il voulait donner l'impression que Ralph était responsable de tous les mauvais éléments et insistait pour l'élimination complète de Ralph, elle n'avait eu que éliminer les mauvais passages et donner aux bons un tour si waddingtonien qu'il serait persuadé de les avoir écrits lui-même.

Ce qui était génial, disait-il, c'est que le livre devait être écrit par lui-même. Et une fois assez dégagé de ses propres enchevêtrements et mis sur un chemin clair, avec Barbara pour le sortir de tous les endroits difficiles, M. Waddington se promenait à travers les Cotswolds à un rythme doux et facile. Barbara avait réussi à lui faire perdre son habitude coûteuse et coûteuse de revenir de partout à Wyck. Tout au long du mois d'août, il maintint une route constante vers le nord-est, le nord, le nord-ouest ; en septembre, il avait tourné plein sud ; il s'en prendrait de nouveau à l'est d'ici octobre ; Novembre le trouverait dans les vallées ; il n'y avait aucune raison pour qu'il ne finisse pas en décembre et ne ressorte pas en mars.

M. Waddington lui-même a été surpris des progrès qu'il avait réalisés.

"Cela montre", a-t-il déclaré, "ce que nous pouvons faire sans Ralph Bevan".

Et Barbara, assise sur le véhicule de Ralph, explorait la campagne et traçait pour lui le parcours de M. Waddington.

"Elle vaut une douzaine de Ralph Bevins", disait-il.

Et il allait à la porte avec elle et la voyait commencer.

"Vous ne devez pas vous laisser victimiser par Ralph", a-t-il déclaré. Il jeta un coup d'œil au transporteur. "Pensez-vous que c'est sûr ?"

"Plutôt sûr. Si ce n'est pas le cas, ce sera seulement un peu plus excitant."

"C'est bien mieux de venir en voiture avec moi."

Mais Barbara ne voulait pas monter dans la voiture avec lui. Quand il en parlait, elle avait l'air effrayée et embarrassée.

Sa frayeur et son embarras étaient délicieux pour M. Waddington. Il se dit : «
De toute façon, elle ne pense pas *que ce soit* sans danger.

Et tandis qu'il la regardait s'éloigner en courant, se balançant délicieusement
au-dessus d'une série d'explosions terribles, il fit un petit saut et demi-tour,
léger et juvénile, sous le porche de son Manoir.

IX

1

Sir John Corbett était venu le matin. Il s'était déployé à ce point par amitié, par pure amitié pour Waddington, et il avait choisi une heure matinale pour sa visite afin de la marquer comme une occasion sérieuse et extraordinaire. Il était maintenant assis dans le fauteuil en cuir marron qui était le jumeau de celui dans lequel M. Waddington s'était assis lorsqu'il avait fait peindre son portrait. Son visage joyeux et rose était soumis à quelque chose de sérieux et d'extraordinaire. Il était venu avertir M. Waddington que le scandale commençait à s'attacher à sa connaissance – il allait dire « relations », mais il se rappela juste à temps que « relations » était un mot qui posait question – à sa connaissance d'un certain dame.

Ce à quoi M. Waddington répondit avec hauteur qu'il avait parfaitement le droit de choisir sa… euh… connaissance. Sa connaissance était avant tout sa propre affaire.

— Tout à fait, mon cher, tout à fait. Mais, strictement entre nous, est-ce une bonne chose de choisir des connaissances qui font scandale ? En tant qu'homme du monde, maintenant, entre nous, n'est-ce pas vous semble-t-il que la dame en question soit de ce genre-là ? »

"Cela ne me frappe pas", a déclaré M. Waddington, "et je ne vois aucune raison pour que cela vous frappe."

"Je n'aime pas son apparence", a déclaré Sir John, citant le major Markham.

"Si vous essayez de suggérer qu'elle n'est pas hétéro, vous lisez dans son regard quelque chose qui n'y est pas."

"Allez, Waddington, vous savez aussi bien que moi que lorsqu'un homme se promène dans le monde comme vous et moi, il a un instinct ; il peut assez bien dire en la regardant si une femme est de ce genre ou non."

"Mon cher Corbett, mon instinct est au moins aussi bon que le vôtre. Je connais Mme Levitt depuis trois ans et je peux vous assurer qu'elle est aussi hétérosexuelle, aussi innocente que votre femme ou la mienne."

"Intelligent – intelligent et un peu sans scrupules." Sir John citait encore une fois le major Markham. "Une femme comme celle-là peut contourner des types simples comme vous et moi, Waddington, en un rien de temps, si elle y réfléchit. C'est pourquoi je n'aurai rien à voir avec elle. Elle est peut-être aussi honnête et innocente que s'il vous plaît ; mais d'une manière ou d'une autre, elle provoque beaucoup de propos désagréables, et si j'étais vous, je la laisserais tomber.

"Je ne ferai rien de tel."

" Mon cher, c'est très bien, mais quand tout le monde sait que votre femme n'est pas venue chez elle... "

" Il n'était pas nécessaire que Fanny lui rende visite. Mes relations avec Mme Levitt étaient purement commerciales... "

"Eh bien, je les laisserais là, et pas trop de pied non plus."

" Que puis-je faire ? La voilà, une veuve de guerre avec personne d'autre que moi pour veiller à ses intérêts. Elle a pris l'habitude de venir vers moi, et je ne vais pas m'en prendre à cette pauvre femme, Corbett, à cause de votre des insinuations absurdes. »

"Ce ne sont pas *mes* insinuations."

" Alors, les insinuations de n'importe qui. Personne n'a le droit d'insinuer quoi que ce soit sur *moi* . Quant à Fanny, elle se fera un devoir de lui rendre visite maintenant. Nous en parlions il n'y a pas longtemps. "

"C'est un peu dur pour Mme Waddington d'être admise pour ça."

"Ne t'inquiète pas. Fanny peut se permettre de faire assez bien ce qu'elle veut."

Il l'avait là. Sir John savait que cela était vrai pour Fanny Waddington, mais pas pour Lady Corbett. Il se souvenait de l'époque où personne n'appelait son père et sa mère ; et Lady Corbett ne pouvait pas encore se permettre de rendre visite à Mme Levitt avant que quiconque ne le fasse.

"Eh bien," dit-il, "tant que Mme Levitt ne s'attend pas à ce que ma femme emboîte le pas."

"L'expérience de Mme Levitt ne peut pas l'amener à s'attendre à beaucoup de gentillesse ici."

"Eh bien, ne soyez pas trop gentil. Vous ne savez pas comment vous pourriez être débarqué. Vous ne savez pas," dit fatalement Sir John, "quelles idées vous avez pu mettre dans la tête de cette pauvre femme."

« Je serais vraiment désolé, » dit M. Waddington, « si je pensais un seul instant avoir suscité des sentiments plus chaleureux… »

Mais il n'était pas désolé. Il essaya de faire en sorte que son visage exprime un regret chevaleresque, mais il ne parvint pas. C'était positivement souriant, tant l'idée véhiculée par Sir John était agréable. Il le retourna encore et encore, en faisant ressortir sa délicieuse saveur, tandis que les petits yeux rieurs de Sir John observaient son plaisir.

« Vous ne savez pas, dit-il, *ce que* vous avez pu susciter.

Il y avait quelque chose de très irritant dans son gros rire.

" Ne vous dérangez pas. Ces choses arriveront. Une femme peut être emportée par ses sentiments, mais si un homme a du tact et de la délicatesse, il peut toujours très bien la lui montrer, sans rompre toutes relations. Ce serait maladroit."

"Bien sûr, si vous voulez la suivre, suivez-la. Seulement faites attention à ne pas atterrir, c'est tout."

"Vous pouvez être sûr que, pour le bien de cette dame, je prendrai soin de vous."

Ils se levèrent ; M. Waddington regardait Sir John, son petit ventre rond et ses petits yeux ronds au scintillement obscène. Et pour sa vie, il ne pouvait pas ressentir l'indignation qu'il aurait aimé ressentir. Alors que ses yeux rencontraient quelque chose de secret et de primitif chez Sir John, M. Waddington répondit à ce scintillement obscène ; quelque chose de rappelant et d'anticipant ; quelque chose de malicieux, de subtil et de délicieux, de subversif pour la dignité. Cela apparut sur son visage solennel et y mijota. Ici se trouvait Corbett, un homme du monde au rythme effréné, et il tenait pour acquis que les sentiments de Mme Levitt avaient été éveillés ; il reconnut généreusement, d'homme à homme, la fascination qui les avait éveillés. Lui, Corbett, savait de quoi il parlait. Il voyait toute la possibilité d'une aventure romantique avec une certitude si flatteuse qu'il était impossible d'éprouver le moindre ressentiment.

En même temps, son intervention était d'une abominable impertinence, et M. Waddington en voulait. Cela le rendait plus que jamais déterminé à poursuivre ses relations avec Mme Levitt, juste pour montrer qu'il n'allait pas se laisser imposer, tandis que le fait même que Corbett le considérait comme une figure d'aventure romantique intensifiait l'excitation de la poursuite. Et même si Élise, vue avec certitude à la lumière des indications de Corbett, n'était pas aussi captivante pour l'imagination que l'Élise de son doute, elle lança un appel plus positif et plus formidable à son désir. Il aimait son désir parce qu'il le faisait se sentir jeune et, aimant cela, il croyait aimer Elise.

Et ce que pensait Corbett, Markham et Thurston, et Hawtrey, et le jeune Hawtrey, et Grainger, le penseraient aussi. Ils le verraient tous comme un aventurier encore jeune et romantique, l'inspirateur de la passion.

Et Bevan… Mais non, il ne voulait pas que Bevan le voie ainsi. Ou plutôt, il l'a fait, et encore une fois, il ne l'a pas fait. Il avait des scrupules à l'égard de Bevan, à cause de Fanny. Et à cause de Fanny, tandis qu'il se déchaînait dans des visions du possible, il redoutait plus que tout une véritable détection, les yeux licencieux et les langues furtives des citadins. Si Fanny appelait Mme Levitt, cela cesserait de parler.

C'est ainsi que Fanny a connu Mme Levitt, et comment Mme Levitt (et Toby) ont été invités à la garden-party de septembre à Lower WyckManor.

2

Mme Levitt, de la Maison Blanche, Wyck-on-the-Hill, Gloucestershire.

Elle pensait que ça sonnait très bien. Elle était sortie, c'est-à-dire qu'elle avait jugé plus convenable à sa dignité de ne pas être chez elle quand Fanny viendrait ; et Fanny étaient effectivement sorties lorsque Mme Levitt a appelé, de sorte qu'ils se sont rencontrés pour la première fois à la garden-party.

« C'est absurde qu'on ne se connaisse pas, dit Fanny, quand mon mari vous connaît si bien.

"J'ai toujours pensé, Mme Waddington, que je devrais vous connaître, ne serait-ce que pour vous dire à quel point il a été bon avec moi. Mais, bien sûr, vous le savez."

"Je le sais très bien. Il est toujours bon avec les gens. Il aime ça. Vous devez en retirer une partie du mérite."

Elle pensa : « Elle a vraiment de très beaux yeux. » Il faudrait également retirer beaucoup de crédit à ses yeux.

" Mais n'est-ce pas, " dit Mme Levitt, " qu'est-ce qu'être bon ? Aimer l'être ? Seulement, je suppose que c'est justement ce qui le rend ouvert... "

Elle baissa les yeux dont l'éclat tout à l'heure brillait sur Fanny ; elle jouait avec son sac à main, souriant d'un petit sourire secret et espiègle.

"Cela le laisse ouvert?"

Mme Levitt leva les yeux en souriant. "Aux attaques de gens sans scrupules comme moi."

C'était risqué, mais cela faisait preuve d'une audace et d'une présence d'esprit magistrales. C'était comme si elle et Fanny Waddington avaient eu les yeux fixés sur un scorpion vivant qui s'approchait d'eux au-dessus de la pelouse, et que Mme Levitt s'était penchée, l'avait saisi par la queue et l'avait jeté dans les buissons de lavande. Comme si Mme Levitt avait dit : « Ma chère Mme Waddington, nous savons tous les deux que cette horrible créature existe, mais nous n'allons pas la laisser nous piquer. Comme si elle savait pourquoi Fanny avait fait appel à elle et lui en était reconnaissante.

Peut-être que si Mme Levitt n'était jamais apparue à cette garden-party, ou si, ayant comparu, elle n'avait jamais été présentée, à leur demande, au major Markham, à M. Thurston, à M. Hawtrey et au jeune Hawtrey et à Sir John Corbett, M. Waddington n'aurait peut-être jamais réalisé toute l'étendue de sa fascination.

Elle s'était imposée comme le centre de la fête grâce à son pouvoir d'attirer l'attention et de la retenir. On ne pouvait s'empêcher de la regarder, encore et encore, là où elle était assise dans une clairière de la pelouse, jouant le jeu intelligent et pointu de sa robe noire et blanche en satin noir, de son manteau en satin noir doublé de soie blanche, fourré d'hermine. ; des bas blancs et de longs gants blancs, le chapeau fermé en satin noir lui coupant la tête ; le contraste saisissant et le stress répétés dans la peau blanche, les cheveux noirs, les yeux noirs ; yeux noirs et bouche fine et dents blanches faisant un mouvement charmant et perpétuel.

Cela faisait dix minutes qu'elle discutait avec le major Markham, se présentant comme la mère absurdement jeune d'un fils adulte. Toby Levitt, un portrait grand et élancé de sa mère, jouait au tennis avec distinction, ignorant le jeune Horace, son partenaire, se tenant bien près du filet et répétant les coups alternés de fracas et de glissades qui maintenaient Ralph et Barbara bondissant d'une extrémité du terrain. cour à l'autre. Mme Levitt essayait de concilier la maîtrise du jeu de Toby avec son immunité de conscription à la fin de la guerre. La guerre a conduit directement à la batterie du major Markham, et la batterie du major Markham à la batterie autrefois commandée par le père de Toby, ce qui a conduit à Poona et à la grande découverte.

"Vous ne parlez pas de Frank Levitt, capitaine des artilleurs ?"

"Je fais."

« Était-il, par hasard, stationné à Poona en 19h11 onze heures ?

"Il était."

"Mais, bénis mon âme, *c'était* mon beau-frère Dick, le meilleur ami de Dick Benham."

L'hommage un peu ironique du major avait fait place à une excitation sérieuse, à un intérêt respectueux.

"Oh... Dicky Benham... est- *ce qu'il* ... ?"

" Plutôt. Je l'ai entendu parler de Frank Levitt des dizaines de fois. Entendez-vous cela, Waddington ? Mme Levitt connaît tous les gens de ma sœur. Pourquoi diable ne nous sommes-nous pas rencontrés avant ? "

M. Waddington se tordait, tandis qu'ils évoquaient entre eux une longue série de noms, de personnes et de lieux, chacun étant un lien unissant le major Markham et Mme Levitt. Le major en était si excité qu'il fit le tour du jardin pour en parler à Thurston, Hawtrey et Corbett, de sorte qu'à présent tous ces messieurs formèrent autour de Mme Levitt un groupe intéressé et animé. M. Waddington se tenait misérablement au bord ; à moins de repousser Markham avec son coude (Markham au choix), il n'aurait pas pu percer. Il y renoncerait et s'en irait, et serait attiré encore et encore ; mais bien que Mme Levitt puisse le voir clairement, aucun appel de ses beaux yeux ne l'invitait à s'approcher.

Son comportement est devenu perceptible. Cela a été observé principalement par son fils Horry.

Horry a démonté Barbara. "Je dis, as-tu vu mon patron ?"

"Non. Quoi ? Où ?"

Elle pouvait voir à son visage qu'il l'entraînait dans quelque détour inique et secret.

"Là, juste derrière vous. Tournez-vous - par ici - mais n'ayez pas l'air de l'avoir repéré…. Avez-vous déjà vu quelque chose comme lui ? Il est comme un chien de Terre-Neuve essayant de regarder par-dessus une porte. Ce ne serait pas le cas. Ce ne serait pas aussi drôle s'il n'était pas toujours aussi digne. »

Elle n'approuvait pas Horry. Il n'était pas décent. Mais la dignité, c'était *merveilleux* .

» continua Horry. "Qu'est-ce que le maître a bien demandé à cette femme ? Elle savait peut-être qu'il se ridiculiserait."

"Oh, Horry, tu ne dois pas. C'est horrible de ta part. Tu *es vraiment* une petite bête."

"Non. J'aurais aimé le faire lors de sa propre garden-party. Il ne pense jamais à *nous* . Regarde la chère petite mère, là, qui fait comme si elle ne le voyait pas. *C'est* ce qui me rend folle, Barbara."

"Eh bien, tu devrais aussi faire comme si tu ne le voyais pas."

"J'ai fait semblant tout cet après-midi béni. Mais ça ne sert à rien de faire semblant avec *toi* . Tu vois très bien tout."

"Je ne vais pas attirer l'attention des autres là-dessus."

"Oh, allez, et Ralph ? Tu sais que tu ne le laisserais pas le manquer."

"Ralph ? Oh, Ralph est différent. Je ne devrais pas le signaler à Lady Corbett."

"Je ne devrais pas non plus le faire. *Tu* es différent aussi. Toi, Ralph et moi sommes les seules personnes capables de l'apprécier. Même si je ne jurerais pas que le maître ne l'apprécie pas, parfois."

"Oui. Mais tu vas trop loin, Horry. Tu es cruel avec lui, et nous ne le sommes pas."

"Tout va très bien pour toi. Ce n'est pas ton père... Oh, Seigneur, il tend son cou par-dessus l'épaule de Markham maintenant. À quoi doit ressembler son visage vu de l'autre côté..."

"Si tu trouvais ton père ivre sous un buisson de lilas, je crois que tu irais me chercher pour le voir."

"Je le ferais, s'il était aussi drôle qu'il l'est maintenant... Mais je dis, vous savez, je ne peux pas le laisser continuer comme ça. Je dois l'arrêter, d'une manière ou d'une autre. Que feriez-vous si vous étiez moi?"

"Vraiment ? Je pense que je devrais lui demander d'aller emmener Lady Corbett prendre le thé."

"Bien."

Horry s'approcha de son père. "Je dis, pater, tu ne vas pas emmener Lady Corbett prendre le thé ?"

Au simple son de la voix de son fils, la dignité de M. Waddington est restée ferme. Mais il partit quand même retrouver Lady Corbett.

Une fois tout terminé, la garden-party fut déclarée comme un grand succès, et M. Waddington fut très agréablement rallié à sa découverte, taxé d'essayer de la garder pour lui, et l'avertit qu'il n'allait pas tout avoir pour lui. chemin.

"C'est à notre tour maintenant", dit le major Markham, "d'y jeter un coup d'œil."

Et leur tour revenait sans cesse ; ils regardaient toujours vers la Maison Blanche. C'est d'abord le major Markham qui a appelé. Puis Sir John Corbett d'Underwoods, M. Thurston de The Elms et M. Hawtrey de Medlicott ont appelé et ont amené leurs femmes. Ces dames, cependant, n'aimaient pas Mme Levitt et n'étaient pas chez elles lorsqu'elle leur répondit. La carte de visite de Mme Levitt avait sa place dans trois collections et là l'affaire s'arrêta. Mais M. Thurston et M. Hawtrey ont continué à appeler avec le sentiment délicieux de faire quelque chose que leurs femmes considéraient comme inapproprié. Le major Markham - en tant que célibataire, ses mouvements étaient plus libres - déclarait son ambition de « se débarrasser de Waddy ». *Il* appelait constamment la Maison Blanche. Sa correction exigeante, sa correction qui « n'avait pas aimé son apparence », excusait cette culture intensive de Mme Levitt au motif qu'elle était « bien connectée » ; elle connaissait tous les gens de sa sœur.

Et Mme Levitt prenait soin d'informer M. Waddington de ces visites et de ses petites soirées de bridge le soir. "Juste M. Thurston et M. Hawtrey, le major Markham et moi." Il était taquiné et inquiet par ses visions d'Elise perpétuellement entourée de Thurston, Hawtrey et du Major. Supposons —

seulement en supposant que – poussée par le désespoir, bien sûr – qu'elle épouse ce type de Markham ? Pour la première fois de sa vie, M. Waddington éprouva de la jalousie. Elise avait cessé d'être l'objet de spéculations rêveuses et douteuses pour devenir l'objet d'une passion inquiète. Il pouvait lui donner de la passion, si c'était la passion qu'elle voulait ; mais, à cause de Fanny, il ne pouvait pas lui donner un poste dans le comté, et il était tout à fait possible qu'Élise préfère un poste.

Et Elise était heureuse, heureuse de sa communion avec M. Thurston et M. Hawtrey et de la pensée que leurs femmes la détestaient ; heureuse dans son intimité croissante avec le major Markham et dans sa conscience d'être en bonne relation ; surtout heureux du malaise de M. Waddington.

Pendant ce temps, Fanny Waddington n'arrêtait pas d'appeler. « Si je ne le fais pas, dit-elle, la pauvre femme sera fichue. »

Elle ne voyait aucun mal chez Mme Levitt.

3

Barbara et Ralph Bevan y étaient allés pour l'une de leurs longues promenades. Ils redescendaient le parc lorsqu'ils rencontrèrent d'abord Henry, le garçon du jardinier, portant un panier de grosses poires dorées.

"Où vas-tu avec ces jolies poires, Henry ?"

" Chez Mme Levitt, mademoiselle. " Le garçon sourit et scintille ; on aurait presque pu croire qu'il savait.

Plus loin, près du portail blanc, ils aperçurent M. Waddington et deux dames. Il était visiblement sorti pour ouvrir la porte et marchait avec eux, incapable de s'arracher. Les dames étaient Mme Rickards et Mme Levitt.

Ils se sont arrêtés. On pouvait voir le battement de leurs mains et de leurs visages, suggérant un dernier échange triangulaire ludique.

Puis M. Waddington, exécutant un mouvement d'adieu compliqué, un salut et demi, un saut gambader, le geste de sa jeunesse ingérable.

Puis, alors qu'il s'éloignait d'eux, l'abandon de Mme Rickards et Mme Levitt à des rires honteux.

Mme Levitt agrippa le bras de sa sœur et s'y accrocha, presque perceptiblement chancelante, comme si elle disait : « Retenez-moi ou je vais m'effondrer. C'est trop. Trop… trop… trop… trop. Ils avançaient d'un pas particulier, roulant et impuissant, secoués par les explosions intolérables de leur gaieté, s'essuyant la bouche et les yeux avec leurs mouchoirs de poche dans une lutte torturée pour le contrôle.

Ils récupérèrent suffisamment pour dépasser Ralph et Barbara avec de sérieux saluts latéraux. Et puis il y eut un son, un son ténu, sifflant, planant mais étouffé, le cri d'une hystérie vaincue.

"As-tu vu ça, Ralph ?"

"Je l'ai fait. Je l'ai entendu."

« *Il* ne pouvait pas, n'est-ce pas ?

"Oh, Seigneur, non… Ils l'apprécient aussi, Barbara."

"Ce n'est pas ainsi", dit-elle. "Nous ne voulons pas qu'il soit apprécié de cette façon.
De cette manière riche et grossière."

"Non. Ce n'est pas assez subtil. N'importe quel imbécile pourrait voir que son caracolage était drôle. Ils ne le connaissent pas comme nous le connaissons. Ils ne savent pas ce qu'il est vraiment."

"C'était un outrage. C'est comme prendre une belle chose et la vulgariser. Cela ne les *concernait pas* . Et c'était cruel aussi de se moquer de lui comme ça avant qu'il ne lui tourne le dos. Quand ils vont manger ses poires , aussi."

"Le fait est, Barbara, que personne ne *l'* apprécie comme toi et moi."

"Désolé ?"

"Non. Pas Horry. Il va trop loin. Horry est indécent. Fanny, peut-être, parfois."

"Fanny ne voit pas la moitié de lui. Elle ne voit pas son côté Mme Levitt."

"L'as *-tu* vu, Barbara?"

"Bien sûr que j'ai."

"Tu ne me l'as jamais dit. Ce n'est pas juste d'aller découvrir des choses tout seul et de ne pas me le dire. Nous devons conclure un pacte. Pour nous le dire à l'instant même où nous voyons une chose. Nous pourrions compter et attribuer des points auxquels d'entre nous en voient la plupart. Mme Levitt aurait dû être cent pour vous.

"J'ai bien peur de ne pas pouvoir marquer avec Mme Levitt. Vous avez vu ça aussi."

"Ce sera un jeu pour les dieux, Barbara."

"Mais, Ralph, il y a peut-être des choses que nous *ne pourrions pas* nous dire. Ce ne serait peut-être pas juste envers lui."

"Se le dire, ce n'est pas comme le dire aux autres. Arrêtez tout, si nous faisons une étude sur lui, nous faisons une étude. La science est la science. Nous n'avons pas le droit de supprimer quoi que ce soit. À tout moment, l'un des nous pourrions voir quelque chose d'absolument vital. »

"Quoi que nous fassions, nous ne devons pas être injustes envers lui."

"Mais il est à nous, n'est-ce pas ? Nous ne pouvons pas être injustes envers lui. Et nous devons être justes les uns envers les autres. Pensez à l'effroyable avantage que vous pourriez avoir sur moi. Vous verrez sûrement plus de choses." que moi."

"Je verrai peut-être plus, mais tu comprendras mieux."

"Eh bien, tu ne peux pas te passer de moi. C'est un pacte, n'est-ce pas, que nous ne gardions rien sous silence ?"

Quant à la manière dont Mme Levitt traitait leur thème, ils la considéraient comme une abominable profanation.

"Tu penses qu'il est amoureux d'elle ?" » dit Barbara.

"Ce qu'il *appellerait* être amoureux et nous ne devrions pas le faire."

« Pensez-vous qu'il est comme ça – il a toujours été comme ça ?

"Je pense qu'il était probablement 'comme ça' quand il était jeune."

"Avant d'épouser Fanny ?"

"Avant d'épouser Fanny."

"Et après?"

"Après, j'imagine qu'il est allé assez droit. C'était seulement comme ça quand il était jeune. Maintenant, il est d'âge moyen, il y est revenu, juste pour se prouver qu'il est encore jeune. Je suppose que le pauvre vieux La chose a pris peur quand il a dépassé la cinquantaine, et il *a dû* recommencer une preuve. C'est encore une fois son égoïsme, je suppose qu'il ne se soucie pas vraiment de Mme Levitt.

"Tu ne penses pas que son cœur bat plus vite quand il la voit arriver ?"

"Non. Le cœur d'Horatio bat plus vite quand il se voit lui faire l'amour."

"Je vois. C'est juste la cinquantaine."

"Juste un âge moyen."

"Tu ne penses pas que Fanny le voit peut-être ?"

"Non. Pas ça. Pas ça. Du moins, je l'espère."

X

1

Les Ramblings Through the Cotswolds de M. Waddington devaient être abondamment illustrés. La question était : photographies ou dessins originaux ? Et il avait opté, après mûre réflexion, pour des photographies prises par l'homme de Pyecraft. Pour un livre d'une importance aussi capitale, il ne fallait pas penser un instant au travail d'un illustrateur inférieur ou obscur. Mais il y avait de graves inconvénients à employer un artiste distingué. Cela entraînerait non seulement de lourdes dépenses, mais aussi une rivalité désastreuse. Les illustrations, loin d'attirer l'attention sur le texte et de l'y fixer fermement, le détourneraient inévitablement. Et le nom célèbre de l'artiste devrait figurer en évidence, en proportion exacte de sa célébrité, sur la page de titre et dans toutes les critiques et publicités où, à proprement parler, Horatio Bysshe Waddington devrait figurer seul. Il était même possible, comme le soulignait très intelligemment Fanny, qu'un illustrateur suffisamment distingué parvienne à capter l'enthousiasme des critiques jusqu'à l'extinction totale de l'auteur, qui pourrait s'estimer chanceux s'il était mentionné.

Mais Fanny avait fait preuve d'un peu moins d'intelligence en utilisant cet argument pour étayer sa suggestion selon laquelle Barbara Madden devrait illustrer le livre. Elle avait plus d'une fois croisé l'enfant, assis sur un tabouret de camping au-dessus de la maison de Mme Levitt, dessinant la rue escarpée, toute blanche crème, rose et grise, s'ouvrant sur les champs multicolores et le bleu. l'air de l'Est. Et elle avait conçu une admiration absurde pour le travail de Barbara Madden.

"Ce sera un livre enchanteur si elle l'illustre, Horatio."

— *Si* elle l'illustre !

Mais quand il a essayé de montrer à Fanny l'absurdité de l'idée – Horatio Bysshe Waddington illustré par Barbara Madden – elle lui a ri au nez et lui a dit qu'il était un vieux vaniteux. A quoi il répondit, avec une retenue digne, qu'il écrivait un livre sérieux et important. Il serait insensé de prétendre que ce n'est ni grave ni important. Il espérait ne pas avoir une opinion exagérée de ses mérites, mais il fallait préserver un certain sens des proportions et des convenances – un certain bon sens.

"Pauvre petite Barbara !"

"Ce n'est pas le livre de la pauvre petite Barbara, ma chère."

"Non", dit Fanny. "Ce n'est pas le cas."

En attendant, si le livre devait être prêt à être publié au printemps, il faudrait que les photographies soient prises immédiatement, avant que la lumière et les feuilles ne disparaissent.

Alors Pyecraft et l'homme de Pyecraft sont venus avec leur meilleur appareil photo et ont photographié et photographié, aussi longtemps que durait le beau temps. Ils ont photographié la place du marché, Wyck-on-the-Hill ; ils ont photographié l'église ; ils ont photographié le village de Lower Wyck et le manoir, la résidence – corrigée en siège – de M. Horatio Bysshe Waddington, l'auteur. Ils ont photographié le porche Tudor, montrant les figures de l'auteur et de Mme Waddington, son épouse, et de Miss Barbara Madden, sa secrétaire. Ils ont photographié l'auteur assis dans son jardin ; ils l'ont photographié dans son parc, monté sur sa jument Speedwell ; et ils l'ont photographié dans son automobile. Ensuite, ils sont entrés et ont regardé la bibliothèque et l'ont photographiée, avec M. Waddington assis à son bureau.

"Je suppose, monsieur," dit M. Pyecraft, "vous souhaiteriez qu'il soit pris d'un côté pour montrer les proportions ?"

"Certainement", a déclaré M. Waddington.

Et quand Pyecraft est venu le lendemain avec les preuves, il a dit : « Je pense, monsieur, que nous avons très bien les proportions. »

M. Waddington regardait les épreuves, les tenant dans une main qui tremblait légèrement d'émotion. Avec une juste contrariété. Même si Pyecraft avait certainement atteint les proportions de la bibliothèque, la tête de M. Waddington était réduite à une simple tache noire dans le coin le plus éloigné.

Si *c'était* ce que Pyecraft entendait par proportion…

"Je pense", dit-il, "le... euh... le chiffre n'est pas tout à fait satisfaisant."

"Le...? Je vois, monsieur. Je n'ai pas compris, monsieur, que vous souhaitiez la figure."

"Nous-ell..." M. Waddington n'aimait pas paraître comme ayant souhaité ce chiffre avec autant d'ardeur qu'il le souhaitait effectivement. « Si je dois être là… »

"Tout à fait, monsieur. Mais si vous souhaitez que la taille de la bibliothèque soit montrée, je crains que ce chiffre ne doive être sacrifié. Nous ne pouvons pas le faire dans les deux sens. Mais que diriez-vous, monsieur, d'être photographié vous-même , un peu plus grand, assis à votre table d'écriture ? Nous pourrions vous faire ça.

"Je n'y avais pas pensé, Pyecraft."

En fait, il n'avait pensé à rien d'autre. Il avait en tête le titre de l'image : « L'auteur au travail dans la bibliothèque, Lower Wyck Manor ».

Pyecraft attendit, par respect pour l'hésitation de M. Waddington. Son homme, moins délicat mais plus perspicace, s'apprêtait déjà à régler l'appareil photo.

M. Waddington se tourna vers Barbara, comme un homme tiraillé entre son dégoût personnel et son devoir public.

"Qu'en pensez *-vous* , Miss Madden ?"

"Je pense que le livre ne serait guère complet sans toi."

"Très bien. Vous entendez, Pyecraft, Miss Madden dit que je dois être photographié."

"Tres bien Monsieur."

Il se déplaçait sportivement. "Maintenant, comment dois-je m'asseoir ?"

"Si vous voulez bien vous mettre ainsi, monsieur. Avec vos papiers devant vous, étalez-les avec précaution, ainsi. Et votre stylo à la main, alors…. Un peu plus près, Bateman. Le chiffre est important cette fois…. *Maintenant* , monsieur, si tu aurais la gentillesse de lever les yeux. »

M. Waddington leva les yeux avec un visage d'une telle solennité extraordinaire que M. Pyecraft sourit malgré sa déférence.

"Une expression un peu plus lumineuse. Comme si tu venais d'avoir une idée."

M. Waddington s'est imaginé avoir une idée et a essayé de lui ressembler.

"Parfait—parfait." M. Pyecraft a presque dansé d'excitation. "Gardez cette expression sur votre visage, monsieur, un demi-instant… Maintenant, Bateman."

Un clic.

" *C'est* fini, Dieu merci", dit M. Waddington, victime réticente des importunités de Pyecraft et Barbara.

Après cela, M. Pyecraft et son homme ont parcouru le pays pour prendre des photos. Dans l'un d'eux, M. Waddington apparaissait debout devant la halle médiévale de Chipping Kingdon. Dans une autre, portant des bottes de pêche et tenant une canne à pêche à la main, il pataugeait jusqu'aux genoux dans le ruisseau à truites entre Upper et Lower Speed.

Et après cela, il a dit fermement : "Je ne serai plus photographié. Ils en ont assez de moi."

2

En novembre, une fois les photographies terminées, Fanny partit pour Londres pendant quinze jours, laissant Barbara, comme elle le disait, s'occuper d'Horatio et Ralph Bevan s'occuper de Barbara.

C'est alors, à la suite des lettres qu'il reçut de Mme Levitt, que les visites de M. Waddington à Sheep Street devinrent sensiblement fréquentes. Barbara, assise sur son tabouret au-dessus de la Maison Blanche, les remarqua.

Elle remarqua aussi la singulière abstraction des manières de M. Waddington ces jours-ci. Il y avait même des moments où il cessait de s'intéresser à ses Ramblings et laissait Barbara les continuer, comme Ralph les avait continués, seul, se réservant l'autorité de surveillance. Elle avait de longues périodes de temps seule, lorsqu'elle avait des raisons de soupçonner que M. Waddington conduisait Mme Leavitt à Cheltenham ou Stratford-on-Avon dans sa voiture, tandis que Ralph Bevan obéissait à l'ordre d'adieu de Fanny de s'occuper de Barbara.

Chaque fois que Barbara faisait un morceau des Ramblings, elle le montrait à Ralph Bevan. Ils partaient ensemble en rase campagne et Barbara faisait la lecture à Ralph, assise au bord de la route où ils déjeunaient, ou dans un salon d'auberge où ils prenaient le thé. Ils avaient décidé que, même s'il serait déshonorant de la part de Barbara de lui montrer les passages écrits par M. Waddington, il ne pouvait y avoir aucun mal à lui confier les passages qu'elle avait elle-même rédigés.

Non pas qu'on puisse faire la différence. Barbara avait travaillé dur, sachant que plus tôt le livre de M. Waddington serait terminé, plus tôt celui de Ralph sortirait ; et sous cet agréable stimulant, elle était devenue la parfaite parodiste de Waddington. Elle s'était vautrée dans le style de Waddington jusqu'à en être saturée et écrivait automatiquement sur les « escarpements audacieux » et « la rougeur rose sur le front haut de Cleeve Cloud » ; sur les « maisons couvertes de lierre reposant à l'ombre des ormes immémoriaux » ; à propos de la vallée du Windlode, « inondée de la lumière dorée du soir » et des « villages gris nichés dans les creux des collines recouverts de hêtres ».

« Viens avec moi », dit Barbara, « « dans la petite vallée abritée du Speed ; suivons le ruisseau à truites brunes qui coule en boucle… »

"Barbara, ça n'a pas de prix. Qu'est-ce qui t'a fait penser au purling ?"

" *Il y aurait* pensé. 'Parcourir l'herbe verte et luxuriante des prés.'"

Ou : « Partons le long de la grande route qui traverse les hautes terres qui divisent les vallées du Windlode et de la Tamise. Reposons-nous un moment à mi-chemin et buvons – non, buvons – une chope de bonne bière du Gloucestershire avec mon hôte. de la Joyeuse Bouche.'"

Non pas que M. Waddington ait jamais fait une chose pareille dans sa vie. Mais tous les autres randonneurs des Cotswolds l'ont fait, ou ont déclaré l'avoir fait ; et il était saturé de leur esprit, comme Barbara était saturée du sien. Il les voyait , des jeunes hommes robustes et sympathiques en tailleur knickerbocker en tweed, parcourant trente kilomètres par jour et sirotant des chopes de bière dans chaque taverne ; et il désirait se présenter, comme ces jeunes gens, comme génial et robuste. Il ne pouvait pas plus s'éloigner d'eux et de leurs livres qu'il ne pouvait s'éloigner de Sir Maurice Gedge et de son prospectus.

Et Barbara avait inventé pour lui toutes sortes de choses robustes et géniales. Elle l'habilla de rose, le monta sur sa jument Speedwell et l'envoya voler par-dessus les murs de pierre et les portes à cinq barreaux sous les aboiements de « Ranter et Ranger et Bellman et True ». Il pêchait et il piétinait et il buvait et il piétinait encore. Il faisait facilement ses trente milles par jour. Elle a enregistré de longues conversations entre M. Waddington et le vieux Billy, le berger des Cotswolds, toutes sur les bonnes vieilles habitudes des Cotswolds, au bon vieux temps où le bon vieux Squire, le père de M. Waddington – non, son grand-père – était vivant.

"'Je me souviens, bien sûr, de ce que le vieux Squire avait l'habitude de me dire : "Billy", dit-il, "vos petits-enfants ne seront pas nourris, ils n'auront pas non plus les chaumières, ni même les des vêtements comme vous et vos enfants. Aussi sûr que Dieu est à Gloucester " ' zays. C'était rare au bon vieux temps, zur, et ils sont gawnés. "

" *Qu'est-ce* qui t'a fait penser à ça, Barbara ? Je suppose qu'il n'a jamais dit deux mots au vieux Billy de sa vie. "

"Bien sûr que non. Mais c'est le genre de chose qu'il aimerait penser qu'il a fait."

« L'a-t-il réussi ?

"Plutôt. Il est aussi content que Punch. Il pense qu'il façonne mon style."

3

M. Waddington prenait rapidement l'habitude de se rendre à Sheep Street après le dîner. Mais ces soirées qu'il ne consacrait pas à Mme. Levitt, il s'appliqua à sa tâche de surveillance.

Dans l'ensemble, il était ravi de sa secrétaire. Il ne faisait aucun doute que la petite chose lui était profondément attachée. Cela se voyait à sa façon de travailler, à son ardeur et à son désir de lui plaire. Il ne pouvait y avoir qu'une seule explication à la facilité avec laquelle elle avait reçu l'empreinte de sa personnalité.

Il a donc fait preuve de tact. Il a fait preuve de tact.

« Je te donne beaucoup de travail, Barbara », disait-il. "Mais vous devez considérer cela comme faisant partie de votre formation. Vous apprenez à écrire un bon anglais. Il n'y a rien de tel que des phrases claires, faciles et fluides. Vous ne pouvez pas avoir de littérature sans elles. J'aurais peut-être écrit ces passages moi-même. En fait, je peux à peine distinguer... » Son visage trembla ; elle remarqua le tremblement d' une révision imminente. « Pourtant, je *pense que* je devrais préférer ici les « ruisseaux babillants » aux « ruisseaux purlants ». Shakespeare. »

"J'ai *d'* abord parlé de 'babillage'", a déclaré Barbara, "mais je pensais que 'purling' serait plus proche de ce que vous auriez écrit vous-même. J'ai oublié Shakespeare. Et babiller n'est pas exactement purling, n'est-ce pas ?"

"C'est vrai, c'est vrai. Babiller, ce n'est *pas* purler. Nous voulons le mot exact. Purling, qu'il soit....

"Et 'luxuriant'. Bonne fille. Tu te souviens que « luxuriant » était l'un de mes mots ?

"Je pensais que ce *serait* le cas."

"Bien. Vous voyez", a déclaré M. Waddington, "comment vous apprenez. Vous acquérez le sens, le *sens* du style. Je serai toujours heureux de penser que je vous ai formé, Barbara.... Et vous en serez peut-être très reconnaissant. *c'est* moi et non Ralph Bevan de tous les saccadés, excentriques et incohérents.

XI

1

C'était lundi, le vingt-quatrième jour de novembre, la dernière semaine de la quinzaine de Fanny à Londres.

Barbara avait été occupée toute la matinée avec la correspondance et les comptes de M. Waddington. Et maintenant, pour la première fois, elle se retrouvait définitivement sur la trace de Mme Levitt. En vérifiant la facture de Palmer et Hoskins, les constructeurs de Cheltenham, pour la Maison Blanche, elle était tombée sur deux éléments substantiels non inclus dans leur estimation initiale : pas moins de quinze pieds sur huit de treillis pour le jardin et un rail de conduite d'eau chaude pour la salle de bain. . Il s'est avéré que Mme Levitt, désirant le confort de serviettes chaudes et s'opposant à la vue sur la cour de la cuisine vue depuis la pelouse, avait incontinent commandé la rampe d'eau chaude et le treillis.

Il y avait cette lettre de MM. Jackson et Cleaver, les agents de M. Waddington, l'informant que sa locataire, Mme Levitt, de la Maison Blanche, à Wyck-on-the-Hill, n'avait pas encore payé son loyer dû le vingt-cinq. le cinq septembre. M. Waddington souhaitait-il qu'ils postulent à nouveau ?

Et il y avait d'autres lettres dont Barbara était priée de faire des copies sous sa dictée. Ainsi:

« Ma chère Mme Levitt » (seulement il avait écrit « Ma chère Elise »), — « En ce qui concerne vos placements, je ne recommande pas l'achat, à l'heure actuelle, d'obligations d'État pour le logement.

"Je serai très heureux de vous prêter les cinquante livres dont vous avez besoin pour compléter les cinq cents pour l'achat des actions de Parson's Provincial et de la London Bank. Mais je crains de ne pouvoir promettre avec certitude une avance de cinq cents sur les titres que vous nommez. Cette promesse était conditionnelle, et vous devez me donner un peu de temps pour réfléchir. En attendant, je vais me renseigner, mais, franchement, je dois dire qu'en raison de la dépréciation générale actuelle des stocks, ce serait hautement déconseillé ; pour que vous vendiez, et mon conseil serait le suivant : conservez tout ce que vous avez.

"Je suis très heureux que vous soyez satisfait de votre petite maison. Nous laisserons la question du loyer en suspens jusqu'à ce que vos affaires soient un peu plus en ordre qu'elles ne le sont actuellement. — Avec les meilleures salutations, très sincèrement vôtres,

"HORATIO BYSSHE WADDINGTON.

"PS : j'ai convenu avec Palmer et Hoskins du treillis et de la rampe d'eau chaude."

" *À* MM. Lawson et Rutherford, avocats,

"9, Bedford Row, Londres, WC

« Chers Messieurs, Voudriez-vous bien me renseigner sur la valeur actuelle des actions suivantes, à savoir :

"Cinquante £5 5 pour cent. Nouveau syndicat sud-américain du caoutchouc ;

"Cinquante £10 10 pour cent. B Préférence Addison Railway, Nicaragua ;

"Cent £14 pour cent. Welbeck Mutual Assurance Society.

« Recommanderiez-vous au détenteur de vendre aux prix actuels ? Et devrais-je être justifié d'accepter ces actions en garantie d'un emprunt immédiat de cinq cents ? — Fidèlement vôtre,

"HORATIO BYSSHE WADDINGTON."

Il attendait Elise pour le thé mercredi à quatre heures, et la réponse de MM. Lawson et Rutherford lui parvint très opportunément dans l'après-midi.

"Cher Monsieur,— *Concernant* votre demande dans votre lettre du vingt-cinquième instant, quant à la valeur actuelle de 5 pour cent. Actions du New South American Rubber Syndicate, 10 pour cent. B Preference Addison Railway, et 4 pour cent. Welbeck Société d'Assurance Mutuelle, respectivement, nous vous informons que ces stocks sont sérieusement dépréciés, et nous doutons qu'à l'heure actuelle le détenteur puisse trouver un acheteur. Nous ne pouvons certainement pas vous conseiller de les accepter en garantie de la somme que vous indiquez. Nous sommes, fidèlement,

"Lawson et Rutherford."

Il était évident que la pauvre Élise, qui n'aurait jamais pu avoir le sens des affaires, s'était trompée sur la valeur de ses titres. Il se pourrait même que, pour ces trois éléments, elle doive réduire ses pertes et estimer ses revenus moins les dividendes provenant de cette source. Mais cela ne faisait que rendre encore plus impératif qu'elle ait au moins mille livres bien cachées dans un placement sûr. Il suffirait d'ajouter cinquante livres à son revenu annuel pour permettre à Elise de payer sa vie. Les affaires de cette chère femme doivent reposer sur une base financière saine ; et M. Waddington s'est posé cette question : était-il prêt à les y mettre ? Tout ce qu'Elise pouvait lui offrir, à défaut de ses titres dépréciés, c'était la réversion d'un héritage de cinq cents livres qui lui avait été promis dans le testament de sa tante. Elle avait parlé avec beaucoup d'espoir de cet héritage. Était-il prêt à débourser cinq cents livres au cas où la tante d'Elise décèderait dans un délai raisonnable sans modifier son testament ? Il *était préparé* à une certaine éventualité . Il était prêt à faire tout cela et bien plus encore pour Elise. Mais il n'était pas possible, il n'était pas décent de formuler au préalable ses conditions à Elise, et en tout cas M. Waddington ne les a pas formulées ouvertement comme des conditions à lui-même. Il laissa son esprit confus sur ce point. Il n'avait aucun doute sur sa passion, mais il préférait envisager la possibilité de la satisfaire à travers un voile décent de mutisme. Lorsqu'il se disait qu'il aimerait savoir où il en était avant de s'engager, c'était aussi proche qu'il pouvait de la clarté et de la franchise.

Et lorsqu'il écrit à Élise que sa promesse était conditionnelle, il voulait bien dire que le prêt dépendrait de la valeur des titres offerts ; une condition à laquelle son intégrité pouvait faire face, une condition que, dans l'état actuel des choses, il avait parfaitement le droit de remplir. Tandis qu'au plus profond de lui, il savait que, si Elise se donnait à lui, il ne demanderait pas de sécurité, il ne poserait aucune condition. Il vit Élise, tendre et cédante, dans ses bras ; il se voyait, tendre et puissant, penché sur elle, et il pensait avec un scrupule de dégoût : « Je ne toucherais pas à son pauvre petit héritage.

En attendant, il jugea bon de laisser la correspondance passer, comme toute autre correspondance d'affaires, entre les mains de son secrétaire. Il était bon de faire comprendre à Barbara que ses relations avec Mme Levitt étaient strictement commerciales et qu'il n'avait rien à cacher. C'était bien d'avoir des copies des lettres. C'était bien... M. L'instinct de Waddington, et non sa raison, lui disait bien : avoir un témoin digne de confiance pour toutes ces transactions. Un témoin qui a compris la nature précise de ses conditions, en cas, événement très improbable, d'ennuis avec Elise plus tard. (C'était presque comme s'il avait eu, en secret, un pressentiment.) Aussi, quand sa conscience lui reprochait, comme elle le faisait, de poser des conditions, de demander la sécurité à cette chère femme, il parvint à se persuader qu'il ne le faisait pas. je le pensais vraiment, que tout cela n'était qu'un camouflage astucieux conçu pour dissiper les soupçons de Barbara, si jamais elle en avait. Et en même temps il ne regrettait pas que Barbara le voie dans son rôle de généreux bienfaiteur et de conseiller avisé.

"Je n'ai pas besoin de te dire, Barbara, que toutes ces affaires sont strictement privées. En tant que secrétaire de confiance, tu dois savoir beaucoup de choses dont il ne serait pas utile d'en parler. Tu comprends ?"

"À la perfection."

Elle comprit aussi que c'était la fin du pacte avec Ralph Bevan. Elle avait dû prévoir cette liaison lorsqu'elle lui avait dit qu'il y aurait des choses qu'elle ne pourrait tout simplement pas dire. Seulement, elle avait supposé qu'il s'agirait de choses qu'elle verrait, récompense d'une vue claire, et non de choses qu'elle serait régulièrement autorisée à connaître.

Et ses yeux clairs voyaient à travers le camouflage. Elle avait un soupçon.

"Je ne vois pas", a-t-elle dit, "pourquoi vous devriez renoncer à votre loyer simplement parce que Mme Levitt ne veut pas le payer."

Elle était désolée pour Waddy. Il se pourrait bien qu'il soit très sage à propos des affaires de Mme Levitt ; mais il était parfait pour lui-même. Pas étonnant que Fanny lui ait demandé de prendre soin de lui.

« Je n'ai aucun doute, dit-il, qu'elle *veut* payer ; mais c'est une veuve de guerre, Barbara, et elle est dans une situation difficile. Je ne peux pas la presser pour payer le loyer.

"Ce n'est pas à elle de vous presser pour des travaux de treillis et des conduites d'eau que vous n'avez pas commandées."

"Eh bien, eh bien," il ne pouvait pas être en colère contre l'enfant. Elle était si loyale, si soucieuse de ses intérêts. Et il ne pouvait pas s'attendre à ce qu'elle traite Elise avec bienveillance. Il y aurait une jalousie naturelle. "C'est l'erreur de Palmer et Hoskins. Je ne peux pas marchander avec une dame, Barbara. *Noblesse oblige* ." Mais il grimaça sous ses yeux clairs.

Elle pensa : « Et les cinquante et les cinq cents ? A ce rythme-là, *la noblesse* pourrait l' *obliger* à tout.

Elle pouvait voir à travers Mme Levitt.

M. Waddington continuait de regarder l'horloge.

Il était maintenant quatre heures moins dix, et Elise pouvait être là à tout moment. Sa seule idée était d'écarter Barbara Madden. Ces yeux clairs n'étaient pas ceux qu'il aurait voulu voir sur Élise, le regarder quand *leurs* regards se croiseraient. Et il comprit que ce type Bevan allait la chercher à quatre heures. Il ne voulait pas de *lui* . "Où vas-tu pour ta promenade ?" il a dit.

"Oh, n'importe où. Pourquoi ?"

"Eh bien, si vous êtes à Wyck, cela vous dérangerait-il de rapporter ces photos à Pyecraft et de lui montrer celles que j'ai choisies ? Assurez-vous simplement qu'il ne commette aucune erreur stupide."

Les photographies la regardaient en face sur le bureau, de sorte qu'elle n'avait vraiment aucune excuse pour les oublier, comme elle l'a fait. Mais l'expérience de M. Waddington était que si vous vouliez que quelque chose soit fait, vous deviez le faire vous-même.

2

Elise serait conduite au salon. Il est allé l'attendre là-bas.

Et tandis qu'il marchait de long en large, inquiet, écoutant le bruit de ses pas sur l'allée de gravier et le tintement de la cloche, à chaque tour de ses pas il était arrêté par son propre portrait. Elle le regardait depuis sa place au-dessus du bureau de Fanny ; beau, avec son noir brillant et son carmin, il lui donnait un sentiment de rivalité inquiet, comme s'il ressentait la présence désagréable d'un homme plus jeune dans la pièce. Il le regarda ; il se regardait dans le grand miroir au-dessus de la cheminée à côté.

Il se souvenait de Fanny disant qu'elle aimait le gris fer de sa moustache et de ses cheveux ; c'était plus seyant que tout ce noir dur et brillant. Fanny avait raison. C'était plus *seyant*. Et sa peau – sa floraison usée, comme une délicate pincée de poudre. Mieux, plus raffiné que ce rouge riche et intense du jeune homme dans le cadre doré. Certes, ses yeux, d'onyx flou, sortaient de poches froissées ; mais son nez – le nez de Postlethwaite, un trait très beau – se dressait fermement au-dessus de l'affaissement charnu du visage. Ses lèvres boudèrent de fierté. Il pouvait encore se consoler en pensant que les miroirs étaient infidèles ; Elise le verrait tel qu'il était réellement ; pas cette image décolorée et déformée. Il poussa sa grande poitrine et inspira profondément et vigoureusement. A la pensée d'Élise, l'orgueil, l'orgueil riche, voluptueux et juvénile de la vie montait. Et alors qu'il se retournait, il vit Fanny qui le regardait.

Fanny, vingt ans, dans la robe blanche et la ceinture bleue de sa fille ; son visage incliné de Gainsborough, espiègle et moqueur, souriait comme si elle se moquait de lui. Son souffle se bloqua dans sa poitrine. Fanny—Fanny. Sa femme. Pourquoi sa femme n'avait-elle pas la loyauté et l'intelligence de Barbara, l'enthousiasme, le sérieux d'Elise ? Il n'a pas besoin d'avoir de scrupules de conscience à propos de Fanny ; elle l'avait conduit vers Elise avec sa frivolité, son éternel sourire. Bien sûr, il savait qu'elle tenait à lui, qu'il avait du pouvoir sur elle, qu'il n'y avait jamais eu et qu'il n'y aurait jamais d'autre homme pour Fanny ; mais il ne pouvait pas continuer éternellement avec la légèreté de Fanny. Il voulait quelque chose de plus ; quelque chose de sain et de solide ; quelque chose qu'Elise lui a donné et à aucune autre femme. N'importe quel homme le voudrait.

Et pourtant l'image de Fanny le mettait mal à l'aise, le regardant là, souriant, comme si elle savait tout d'Elise et souriait en faisant semblant de s'en moquer. Il ne voulait pas que Fanny le surveille avec Elise. Il ne voulait pas qu'Elise voie Fanny. En regardant le portrait de Fanny, il retrouvait son ancienne répugnance pour leur rencontre. Il ne voulait pas qu'Elise soit assise dans la même pièce que Fanny, qu'elle s'assoie sur la chaise de Fanny. Le salon était la chambre de Fanny. Le dahlia rouge et le chintz de perroquet bleu poudré étaient le choix de Fanny ; chaque table, meuble et chaise était à la place que Fanny avait choisie. Le livre, le livre frivole qu'elle lisait avant de partir, était posé sur sa petite table. Fanny était Fanny et Elise était Elise.

Il sonna et dit à Partridge de faire entrer Mme Levitt dans la bibliothèque et d'y apporter du thé. La bibliothèque était *sa* chambre. Il pouvait y faire ce qu'il voulait. La fille Fanny se moquait de lui du coin des yeux pendant qu'il partait. Il se sentit soudain tendre et doux envers elle, à cause d'Elise.

Quand Elise arriva, elle le trouva assis dans son fauteuil, absorbé dans un livre. Il se leva dans une attitude rêveuse, comme s'il était encore abasourdi et absorbé par sa lecture.

Ainsi, dès le début, il s'est donné l'avantage ; il se montra supérieur à Elise. Intellectuellement et moralement supérieur.

"Tu es plongé dans le vif du sujet ? Je t'interromps ?" dit-elle.

Il descendit instantanément de sa hauteur. Il était tout à elle.

"Non. J'essayais seulement de passer le temps jusqu'à ce que tu viennes."

"Je suis en retard alors ?"

"Dix minutes." Il sourit, indulgent

Elise était plus belle que jamais. Le léger froid de novembre lui avait fait rougir le visage. Il la regarda alors qu'elle enlevait ses fourrures sombres de mouffette et son manteau.

Comme c'est délicieux de voir une femme enlever ses affaires, les jolis gestes de l'abandon ; la forme émerge, plus fine. C'était une des choses auxquelles vous pensiez et que vous ne pouviez pas dire. Et si il l'avait dit à Élise ? Est-ce que cela l'aurait dérangé ?

"Que pensez-vous de?" dit-elle.

"Comment savais-tu que je pensais à quelque chose ?"

"Votre visage. Il raconte des histoires."

"Seulement des gentils pour vous, ma chère dame."

"Ah, mais tu *ne l'as pas* dit—"

"Voulez-vous que je?"

"Pas si c'est méchant. Ton visage a l'air méchant."

Il se retourna, ravi. "Maintenant, à quoi ressemble mon visage quand il est méchant ?"

"Oh, ce *serait* révélateur. C'est aussi bien que tu ne devrais pas le savoir."

"C'était aussi méchant que ça alors ?"

"Oui. Ou aussi gentil."

Ils continuèrent ainsi, avec légèreté, jusqu'à ce que Partridge et Annie Trinder arrivent, tintant et cliquetant avec les choses à thé devant la porte. Comme si, pensa M. Waddington, ils voulaient les avertir.

"Partridge", appela-t-il tandis que le majordome le disait, "Partridge, si Sir John Corbett appelle, vous pouvez le faire entrer ici ; mais je ne suis chez personne d'autre."

(Idée intelligente, ça.)

"Il ne viendra pas, n'est-ce pas, ce vieux truc ennuyeux ?"

"Non. Il ne l'est pas. Si je pensais qu'il était là pendant une minute, je ne serais pas à la maison."

"Alors pourquoi-?"

"Pourquoi ai-je dit que je le serais ? Parce que je voulais que ce soit sûr pour toi,
Elise."

Ainsi, avec tact, il lui fit comprendre qu'il pouvait être dangereux.

"Nous ne voulons pas être interrompus, n'est-ce pas ?" il a dit.

"Pas par Sir John Corbett."

Il dressa le grand canapé capitonné devant le feu pour Elise. Tous ses mouvements étaient inconscients, innocents de toute délibération et de toute intention. Il s'assit lourdement derrière la petite table à thé aux pieds de portail ; la théière et les tasses étaient comme des objets de poupées entre ses grandes mains. Elle le regarda, ses doigts lents tâtonnant avec la pince à sucre.

« Voudriez-vous que je vous serve du thé ? dit-elle.

Il commença visiblement. Cela ne lui plairait pas du tout. Il n'allait pas permettre qu'Elise se mette à la place de Fanny, lui servant du thé comme si elle était sa femme. Elle ne l'aurait pas suggéré si elle avait eu du tact ou de la délicatesse.

"Non," dit-il. Le « non » semblait dur et disgracieux. "Tu dois vraiment me laisser le plaisir de t'attendre."

Le sucre tomba des pinces ; il tâtonna encore, follement, et Elise sourit. « Au diable les pinces », pensa-t-il ; "au diable le sucre."

"Prends-le entre tes doigts, oie", dit-elle.

Oie! Une affection, une caresse. Cela l'a adouci. Sa tendresse pour Elise est revenue.

"Mes doigts sont tous des pouces", a-t-il déclaré.

"Vos pouces, alors. Vous ne pensez pas que cela me dérange ?"

Il y avait un sens dans sa voix, et M. Waddington se croyait au bord des premières intimités exquises de l'amour. Il cessa de penser à Fanny. Il versa du thé et tendit du pain et du beurre dans un rêve heureux. Il mangeait et buvait sans savoir ce qu'il mangeait et buvait. Toute sa conscience n'était qu'un sentiment confus et lourd de la plénitude et de la proximité d'Elise. Il pouvait sentir ses oreilles faire « vroum-vroum » et sa voix s'épaissir comme s'il était légèrement, très légèrement ivre. Il se demandait comment Elise pouvait continuer à manger du pain et du beurre.

Il s'entendit soupirer lorsqu'il posa enfin sa tasse.

Il réfléchit à la position de la table à thé par rapport au canapé. Cela encerclait la partie où il allait s'asseoir. Très crampes. Il le recula et y réfléchit à nouveau. Il se trouvait maintenant dans sa ligne de retraite directe, du canapé au fauteuil. Un obstacle. Si quelqu'un devait entrer. Il l'a mis de côté.

"C'est mieux", dit-il. "Maintenant, nous pouvons voir clairement le feu. Ce n'est pas trop pour toi, Elise ?"

Il s'était persuadé qu'il avait bien déplacé la table à thé à cause de l'incendie. Pour l'instant, il n'avait aucun but ni aucun plan. Il ne savait pas ce qu'il allait dire à Elise.

Il s'assit à côté d'elle et il y eut une soudaine pause silencieuse. Elise s'était retournée sur son siège et le regardait ; ses yeux étaient fixes derrière le léger tremblement de leurs cils, brillants et profonds. Il réfléchit que son seul point faible, la brièveté de ses jambes, n'était pas perceptible lorsqu'elle était assise. Il se demandait également comment il avait pu trouver sa bouche dure. Il bougeait avec un petit tic tendre et sensible, comme le battement de ses paupières, et il comprit qu'elle était attirée par lui et tremblait par sa fascination.

Elle parla la première.

"M. Waddington, je ne sais pas comment vous remercier pour votre gentillesse concernant le loyer. Mais vous savez que c'est sûr, n'est-ce pas ?"

"Bien sûr que je le sais. Ne parle pas de loyer. N'y pense pas."

"Je n'y peux rien. Je ne peux penser à rien d'autre tant que ce n'est pas payé."

"Je préférerais que tu ne paies jamais de loyer plutôt que de t'en inquiéter comme ça. Je ne t'ai pas demandé de venir ici pour parler affaires, Elise."

"J'ai bien peur de devoir en parler. Juste un peu."

"Pas maintenant," dit-il fermement. "Je n'écouterai pas."

C'était exactement comme s'il disait qu'il n'écouterait plus parler de loyer ; mais il pensa : « Je ne sais pas ce que je ferai si elle commence par ces cinq cents. Mais après cela, elle ne le pourra guère. De toute façon, je refuserai d'en discuter.

"Dis-moi ce que tu as fait de toi-même?"

"Vous ne pouvez pas *faire* grand-chose avec vous-même à Wyck. Je trotte autour de ma maison, ma chère petite maison que vous avez faite si agréable pour moi. Je fais mon marketing et je sors prendre le thé avec la femme du pasteur, ou le la femme du médecin, ou Mme Bostock, ou Mme Grainger.

"Je ne savais pas que tu étais allé chez les Grainger."

Il pensait que ce n'était pas très fidèle à Elise.

"Tu dois aller quelque part."

"Bien?"

"Et le soir, nous jouons au bridge."

"Qui joue au bridge ?"

"M. Hawtrey, ou M. Thurston, ou le jeune Hawtrey, et Toby, et le major Markham et moi."

"Toujours le major Markham ?"

"Eh bien, il vient souvent. Il aime venir."

" *Est* ce qu'il?"

"Ça te dérange?"

"Cela me dérangerait beaucoup si je pensais que cela ferait une différence."

"Toute différence?" Elle fronça les sourcils et cligna des yeux, comme si elle essayait de comprendre ce qu'il voulait dire, ce qu'il pouvait *vouloir* dire par là. "Différence?" dit-elle. "À quoi?"

"À toi et moi."

"Bien sûr que non. Pas une miette. Comment est-ce possible ?"

"Non. Comment est-ce possible ? Je ne crois pas vraiment que ce soit possible."

"Mais pourquoi devrait-il le faire ?" elle a persisté.

"Eh bien, en effet. Notre relation est merveilleuse. Une relation unique. Et je pense que vous souhaitez autant que moi la garder intacte."

"Bien sûr, je veux le garder intact. Je ne laisserais jamais quoi que ce soit s'interposer entre nous, et certainement pas un pont." Elle a médité. "Je suppose que je joue beaucoup. Il n'y a rien d'autre à faire, voyez-vous, et vous vous laissez emporter."

"J'espère, ma chérie, que vous ne jouez pas pour de l'argent."

"Oh, eh bien, ce n'est pas très amusant pour les autres si nous ne le faisons pas."

"Tu ne joues pas haut, j'espère ?"

"Qu'est-ce que tu appelles haut ?"

"Eh bien, je vais casser des billets en livres."

"Des billets en livres ! Des penny points - eh bien, dix shillings, c'est l'enjeu le plus élevé quand nous sommes imprudents et que nous y allons. De plus, je joue toujours contre Markham et Hawtrey, parce que je sais qu'ils *ne* seront pas durs avec moi si je perds. "

"Maintenant, *c'est* ce que je n'aime pas. Je préférerais mille fois payer tes dettes de jeu plutôt que de te voir obligé envers ces hommes."

Il ne pouvait pas le supporter. Il ne pouvait pas supporter de penser qu'Elise puisse le supporter.

"Tu aurais dû venir me voir", dit-il.

"Je suis venu vers toi, n'est-ce pas ?" Elle pensa aux cinq cents livres.

Il a pensé à eux aussi. " Ah, c'est différent. Maintenant, à propos de ces dettes envers
Markham et Hawtrey. À combien s'élèvent-elles environ ? "

"Oh, un billet de cinq livres couvrirait tout cela. Mais je n'aurai qu'une dette envers vous."

"Nous n'en dirons rien. Si je paie, Elise, me promettras-tu que tu ne joueras plus jamais plus haut que penny points ?"

"C'est trop angélique de ta part, vraiment."

Il a souri. Il aimait payer ses dettes de jeu. Il aimait le pouvoir que cela lui donnait sur elle. Il aimait penser qu'il pouvait lui faire promettre. Il aimait qu'on lui dise qu'il était angélique. Le tout était très bon marché, à cinq livres, et cela lui permettrait de refuser les cinq cents de meilleure grâce.

"Allez, sur votre parole d'honneur, seulement quelques centimes."

"Sur ma parole d'honneur… Mais, oh, je ne pense pas pouvoir l'accepter."

Elle pensa aux cinq cents. Quand on en voulait cinq cents, c'était plutôt pourri de se faire retarder avec cinq cents.

"Si vous pouvez le prendre à Hawtrey et Markham…"

"C'est tout. Je *ne peux pas* le prendre à Markham. Je n'ai pas fait ça. Je ne peux pas le faire."

"Eh bien, Hawtrey alors."

"Hawtrey est différent"

"Pourquoi est-il différent ?"

Un léger soupçon concernant Markham le troublait, et ce n'était pas la première fois.

"Eh bien, vous voyez, c'est un homme marié d'âge moyen. Il pourrait être mon oncle."

Il pensa : « Et Markham… *il* pourrait être… »

Mais Elise n'était pas amoureuse de ce bonhomme. Non non. Il était sûr d'Elise ; il connaissait les symptômes ; vous ne pouviez pas les confondre. Mais elle pourrait quand même épouser Markham. Par ennui, par incertitude, par désespoir. Il n'allait pas permettre que cela se produise ; il rendrait cela impossible ; il donnerait à Elise la certitude qu'elle désirait maintenant.

"Tu as dit que *j'étais* différent."

Reproche ludique. Mais elle comprendrait.

"Alors c'est vrai. Vous êtes aussi un homme marié, n'est-ce pas ?"

"Je pensais que nous étions convenus de l'oublier."

"Oubliez ça ? Oubliez Mme Waddington ?"

"Oui, oublie-la. Tu m'as connu bien avant de connaître Fanny. Qu'est-ce qu'elle a à voir avec toi et moi ?"

"Juste ça, c'est la seule femme du comté qui *me connaîtra* ."

"Parce que tu es mon amie, Elise."

"Tu n'as pas besoin de me le rappeler. Je n'oublierai probablement pas que toute bonne chose qui m'est venue ici est passée par toi."

"Je ne veux que du bien qui vienne à toi à travers moi"

Il se pencha en avant.

"Tu n'es pas très heureux à Wyck, n'est-ce pas ?"

"Heureux ? Oh, oui. Mais ce n'est pas ce qu'on appellerait extrêmement excitant. Et Toby m'inquiète. Il dit qu'il ne peut pas le supporter et qu'il veut émigrer."

"Eh bien pourquoi pas?"

Le cœur de M. Waddington fit un grand bond d'espoir. Il a tout vu clairement. Toby était le principal obstacle. Elise aurait pu tenir toujours aussi longtemps que Toby vivait avec elle. Mais si Toby y allait… Elle le vit aussi ; c'est pourquoi elle consentit à son départ.

"Ce n'est pas vraiment un travail pour lui, Bostock's Bank."

"N-non," acquiesça-t-elle, "n-non. Je lui ai dit qu'il pouvait y aller s'il pouvait obtenir quelque chose."

Il jouait en caressant les longues queues de sa fourrure. Il gisait entre eux comme un animal mou et couché.

"Aimerais-tu vivre à Cheltenham, Elise ?"

"Cheltenham?"

"Si je te prenais une petite maison ?"

(Il avait calculé qu'il risquait tout aussi bien de perdre son loyer à Cheltenham qu'à Wyck. Mieux. De plus, il n'avait pas besoin de le perdre. Il pouvait laisser la Maison Blanche. Elle paierait en partie Cheltenham.)

"Une de ces petites maisons de Montpellier Place ?"

"C'est trop gentil de ta part pour y penser." Elle commença à jouer aussi, en caressant l'animal à fourrure ; leurs mains jouaient ensemble sur la douceur élégante, consciemment, timidement, sans se toucher.

"Mais... pourquoi Cheltenham ?"

"Cheltenham n'est pas Wyck."

"Non. Mais c'est tout aussi ennuyeux et étouffant. Plus étouffant."

"Belle petite ville, Elise."

"A quoi ça sert quand c'est rempli d'écoliers et d'instituteurs, de militaires délabrés et de vieilles filles ? Je ne connais *personne* à Cheltenham."

"Tu ne vois pas que ce serait un avantage ?"

"Non, je ne peux pas le voir. Il n'y a qu'un seul endroit où je *veux* vivre."

"Et c'est-?"

"Londres. Et je ne peux pas."

"Pourquoi pas?" Après tout, Londres n'était pas une si mauvaise idée. Il y avait lui-même déjà pensé auparavant.

— Eh bien, je ne sais pas si je vous ai dit que je ne suis pas en très bons termes avec les gens de mon mari. Ils n'ont pas été du tout gentils avec moi depuis la mort du pauvre Frank.

"Pauvre Élise—"

"Ils vivent à Londres et ils veulent me tenir à l'écart. Mon beau-père me donne une petite allocation à condition que je n'habite pas là-bas. Ils me détestent", dit-elle en souriant, "autant que tout le monde. que."

« Est-ce une allocation importante ?

"Non. C'est un tout petit objet. Mais ils savent que je ne peux pas m'en passer."

« Vous ne devriez pas dépendre de telles personnes… Peut-être dans un appartement – ou dans une de ces petites maisons de St. John's Wood… »

" Ce serait trop divin. Mais à quoi bon en parler ? "

"Tu dois savoir ce que je veux faire pour toi, Elise. Je veux te rendre heureuse, te mettre en sécurité au-dessus de tous ces misérables soucis, prendre soin de toi, ma chérie. Tu me le *permettras*, n'est-ce pas ?"

"Mon cher M. Waddington… mon cher ami…" Les yeux sombres s'éclairèrent. Elle voyait clairement la perspective des cinq cents. Comparée à ce que proposait le vieux Waddy, une telle somme, ainsi qu'un simple emprunt, représentaient de la modération. Le moment était venu, très heureusement, de rouvrir cette question. "Je ne peux pas vous laisser faire quelque chose d'aussi… d'aussi vaste. En réalité, tout ce que je veux, c'est juste un prêt temporaire. Si vous pouviez vraiment me prêter ces cinq cents. Vous avez dit—"

"Je n'ai pas dit que je le ferais. Et je n'ai pas dit que je ne le ferais pas. J'ai dit que cela dépendrait."

"Je sais. Mais tu n'as jamais dit sur quoi. Si les titres que je t'ai proposés ne sont pas assez bons, il y a l'héritage."

Il resta silencieux. Il savait désormais que son état n'avait rien à voir avec les titres. Il devait savoir, il saurait, où il en était.

« Ma tante, dit doucement Elise, est très vieille.

"Je ne rêverais pas de toucher à ton pauvre petit héritage." Il l'a dit avec passion. "Ne veux-tu pas laisser tomber tous ces discours sordides sur les affaires et me faire confiance ?"

"Je te fais confiance."

La petite main blanche cessa de caresser la fourrure sombre et tendit la main vers lui. Il l'a pris et l'a serré fort. Il a eu du mal à se retirer.

"Tu n'as pas peur de moi ?" il a dit.

"Non, mais j'ai peur que Partridge vienne nous voir. Il pourrait trouver cela plutôt étrange."

"Il n'entrera pas. Peu importe ce que pense Partridge."

"Oh, *n'est-ce pas* !"

"Il n'entrera pas."

Il se rapprocha un peu d'elle.

"Il le fera. Il *le fera* . Il viendra nettoyer les choses. Je l'entends venir."

Il se leva et se dirigea vers la porte du fumoir, vers la porte la plus éloignée, et regarda dehors.

"Il n'y a personne là-bas", a-t-il déclaré. "Ils ne viennent pas avant six heures et il n'est pas encore cinq heures… Elise… éloignez-vous un instant de Partridge. Si j'achète cette petite maison à Londres, y habiterez-vous ?"

"Je ne peux pas te laisser faire. Tu me fais honte, après tout ce que tu as fait pour   moi.
C'est trop."

"Ce n'est pas le cas. Si je le prends, me laisseras-tu venir te voir ?"

"Oh, oui. Mais..." Elle se rétrécit, autant qu'on pouvait dire qu'Elise reculait, un peu plus loin dans son coin.

"C'est plutôt loin de Wyck", dit-il. "Néanmoins, je pourrais y arriver une fois dedans" - il devint pensif - "dans environ trois semaines."

"Pour la journée, je devrais être ravi."

"Non. *Pas* pour la journée." Il était irrité par cette stupidité artificielle. "Pour le week-end. Pour la semaine, parfois, quand je peux me débrouiller. Je dirai que c'est le business."

Elle recula et recula, comme si elle avançait, la tête penchée, ses yeux brillants sur lui sous les paupières baissées, prenant tout en compte tout en feignant une paralysie d'ignorance. Elle voulait voir – voir jusqu'où il irait, avant de – Elle voulait qu'il pense qu'elle ne le comprenait pas encore maintenant.

C'était ce geste à moitié fasciné et en arrière qui l'excitait. Il se rapprocha, tout près.

"Elise, ça ne sert à rien de faire semblant. Tu vois ce que je veux dire. Tu sais que je te veux."

Il se pencha sur elle, la couvrant de sa grande poitrine. Il l'entoura de ses bras.

"Dans mes bras. Tu *sais que tu me* veux -"

Elle sentit sa bouche poussée vers la sienne alors qu'elle reculait, essayant de la couvrir, de la presser. Elle poussa un cri : « Oh… oh, tu… » et se débattit, le repoussant d'une main pendant que l'autre cherchait follement son mouchoir de poche. Sa poigne se relâcha. Il se leva. Mais il se penchait toujours sur elle, la serrant de ses bras tendus, son poids soutenu par ses mains posées sur le dossier du canapé.

"Tu... vieux... imbécile..." gicla-t-elle.

Elle pouvait se le permettre. En un éclair rapide d'intelligence, elle avait compris que, quoi qu'il arrive, elle ne parviendrait jamais à *perdre ces cinq cents livres* . Et s'abandonner au vieux Waddy sans cela, s'abandonner au vieux Waddy, alors qu'elle pourrait épouser Freddy Markham, serait trop absurde. Même s'il n'y avait pas eu Freddy Markham, cela aurait été absurde.

À ce moment-là, alors qu'elle disait cela, alors qu'il la tenait toujours prisonnière et qu'ils se regardaient en face, elle giclant et lui haletant, Barbara entra.

Il a commencé; se redressa brusquement. Mme Levitt s'est rétablie.

"Espèce de coucou idiot", dit-elle. "Tu ne sais pas à quel point tu es ridicule."

Elle avait retrouvé son mouchoir de poche et s'en essuyait les yeux et la bouche, effaçant ainsi l'impureté de son impact. "Comme c'est ridicule... Te-hee-Te-hee-te-hee !" Elle fut secouée de rire.

Barbara fit semblant de ne pas les voir. Repartir aussitôt en leur fermant la porte, c'eût été admettre qu'elle les avait vus. Au lieu de cela, elle se dirigea, rapidement mais abstraitement, vers la table à écrire, prit les photographies et sortit de nouveau.

M. Waddington s'était détourné et s'était appuyé contre la cheminée, cachant sa tête (« Pauvre vieille autruche ! ») dans ses mains. Son attitude exprimait une tristesse digne et une intégrité lésée. Barbara resta un instant tranquille devant la porte et parla :

"Je suis désolé d'avoir oublié les photos." Comme si elle disait : « Rassure-toi, mon vieux. Je ne t'ai pas vraiment vu.

À travers la porte fermée, elle entendit le rire déchaîné de Mme Levitt, malin, aigu, hystérique, un son horrible.

"Je suis désolé, Elise. Mais je pensais que tu tenais à moi."

« Tu n'avais pas à y penser. Et il était peu probable que je te le dise. »

"Oh, tu ne me l'as pas dit, ma chérie. Comment as-tu pu le faire ? Mais tu m'as fait croire que tu me voulais."

"Recherché ? Pensez-vous que je voulais être ridicule ?"

"L'amour n'est pas ridicule", a déclaré M. Waddington.

"C'est vrai. C'est *la* chose la plus ridicule qui soit. Et quand *tu* le fais... Si tu avais pu voir ton visage... Oh, mon Dieu !"

"Si vous ne pouviez pas rire aussi fort. Les domestiques vous entendront."

"Je veux qu'ils m'entendent."

"Confondre-toi, Élise !"

"C'est vrai, jure-moi. Jure-moi."

"Je suis désolé d'avoir juré. Mais bon sang, c'est tout aussi mauvais pour moi que pour toi."

" Pire, j'imagine. Vous n'avez pas besoin de penser que Miss Madden ne vous a pas vu, parce qu'elle l'a vu. "

"C'est dommage que Miss Madden ne soit pas arrivée un peu plus tôt."

"Plus tôt ? Je pense qu'elle a très bien choisi son moment."

"Si elle avait entendu toute notre conversation, je pense qu'elle aurait réalisé qu'il y avait quelque chose à dire pour moi."

« Il n'y a rien à dire pour toi. Et jusqu'à ce que tu t'excuses de m'avoir insulté… »

"Vous m'avez entendu m'excuser. Quant à vous avoir insulté, aucune femme honnête, dans ces circonstances, ne dit jamais à un homme que son amour l'insulte, même si elle ne peut pas le lui rendre."

"Et même s'il est le mari d'une autre femme ?"

"Même s'il est le mari d'une autre femme, si jamais elle lui a donné le droit—"

"N'est-ce pas ? Tu penses que tu as acheté le droit de me faire l'amour ?" Elle se leva, lui faisant face.

"Non. Je pensais que tu me l'avais donné…. Je me suis trompé."

Il l'aida à enfiler le manteau dans lequel elle se tortillait avec des mouvements maladroits et irrités. Maladroit. La femme *était* maladroite. Il se demandait comment il ne l'avait jamais vu. Et vulgaire. Bruyant et vulgaire. On ne savait jamais à quoi ressemblait une femme avant de la voir en colère. Il lui avait répondu de manière appropriée et avec un tact admirable. Il avait marqué tous les points ; il marquait maintenant avec sa politesse froide et imperturbable. Il essayait de ne pas penser à Barbara.

"Ta fourrure."

"Merci."

Il a sonné. Partridge est apparu.

"Dites à Kimber de ramener la voiture et de reconduire Mme Levitt chez elle."

"Merci, M. Waddington, je préfère marcher."

Partridge a pris sa retraite.

Elle lui tendit la main. M. Waddington s'inclina brusquement, ne le prenant pas. Il la suivit à grands pas jusqu'à la porte, traversa le fumoir, jusqu'à la porte la plus éloignée. Partridge planait dans le hall. Il la lui a laissée.

Et tandis qu'elle suivait Partridge à travers le vaste espace éclairé par des lampes, il remarqua pour la première fois qu'Elise, dans son agitation, se dandinait. Comme un canard, un canard gourmand. Comme son horrible sœur, Bertha Rickards.

Puis il pensa à Barbara Madden.

3

Lorsque Ralph a appelé Barbara, il lui a dit tout d'abord qu'il avait eu des nouvelles de Mackintyres, les éditeurs, au sujet de son livre. Il le leur avait envoyé aux deux tiers terminé, et Grevill Burton – « Grevill *Burton* , Barbara ! » – l'avait lu et en avait fait un rapport très favorable. Mackintyres avait accepté de le publier si la fin était égale au début et au milieu.

C'était cette nouvelle passionnante, annoncée avant qu'elle ait pu mettre son chapeau, qui avait fait oublier à Barbara les photographies de M. Waddington, le livre de M. Waddington et M. Waddington, jusqu'à ce qu'elle et Ralph soient à mi-chemin entre Wyck-on- -la-colline et la vitesse inférieure. Il n'y avait alors plus qu'à continuer, en prenant soin de revenir à temps pour apporter les photos chez Pyecraft avant la fermeture du magasin. Il n'y avait pas eu beaucoup de temps, mais Barbara a dit qu'elle pourrait le faire si elle se précipitait, et c'est cet élan qu'elle a fait qui l'a précipitée sur la scène de la liaison de M. Waddington.

Ralph l'attendait devant le portail blanc.

"Nous devons sprinter", a-t-elle déclaré, "si nous voulons être à temps".

Ils ont sprinté.

Alors qu'ils revenaient lentement, Barbara devint pensive.

Aussi longtemps qu'elle vivrait, elle se souviendrait de Waddington : les bras tendus, le corps lourd s'inclinait sous la caresse ; le visage enflammé et surpris qui la regardait, comme un poisson étrange, par-dessus l'épaule de Mme Levitt, la bouche grande ouverte comme pour lui crier « Retourne ! » Dans quelle fatuité il a dû sombrer pour en arriver là ! Et la triste silhouette appuyée sur la cheminée, fouettée, battue par le rire de Mme Levitt — le rire aigu, grossier et malin qui l'avait fait courir vers la porte du fumoir pour le protéger, pour l'éteindre.

Qu'est-ce que Ralph n'aurait pas donné pour le voir !

C'était très bien pour Ralph de parler de faire une « étude » de lui ; il n'était pas allé plus loin que la plus simple frange extérieure de son grand sujet. Il ne connaissait pas les rudiments de Waddington. Il avait lui-même eu des éclairs brillants, mais il n'avait pas une vision sûre de la réalité. Et cela lui avait été donné, Barbara, de le voir, d'un seul coup. Elle avait pénétré d'un seul bond au plus profond de lui. Ils s'étaient demandé jusqu'où il irait ; et il était allé si loin, si incroyablement au-dessus de lui-même, que toutes leurs estimations étaient falsifiées.

Et elle vit que sa vision était la fin — la fin de leur jeu, le sien et celui de Ralph, la fin de leur pacte, la fin du lien qui les unissait. Elle se retrouva enfermée avec Waddington ; le secret qu'elle partageait avec lui excluait Ralph. Il était intolérable que toute cette matière riche et passionnante soit laissée entre ses mains, logée chez elle inutilement, quand elle pensait à ce qu'elle et Ralph auraient pu en faire ensemble.

Si seulement elle avait pu le lui donner. Mais bien sûr, elle ne le pouvait pas. Elle avait toujours su qu'il y aurait des choses qu'elle ne pourrait pas lui donner. Elle allait en voir de plus en plus.

Bizarre qu'elle n'éprouve aucune indignation morale. Cela avait été trop drôle, comme surprendre un enfant en train de commettre une méchanceté amusante ; et, comme les yeux et la bouche ouverte du pauvre Waddy l'avaient laissé entendre, elle n'avait aucune raison de l'attraper, d'en savoir quoi que ce soit, aucune raison d'être là.

"Ralph," dit-elle, "tu dois me laisser partir du pacte."

Il se tourna en riant. "Pourquoi, as-tu vu quelque chose ?"

"Peu importe que je l'ai fait ou non."

"C'était un pacte sacré."

"Mais si je peux seulement le garder en étant un cochon parfait—"

Il baissa les yeux sur son visage, son visage troublé et anormalement sérieux.

"Bien sûr, si tu ressens ça—"

"Tu te sentirais comme ça si tu étais sa secrétaire confidentielle et que tu avais toute sa correspondance."

"Oui, oui. Je vois, Barbara, ça ne marchera pas. Je te laisse tomber du pacte. Nous pouvons quand même continuer avec lui."

"Nous ne pouvons pas."

"Quoi ? Ne pas l'étudier ?"

"Non. Nous ne savons pas ce que nous faisons. Ce n'est pas sûr. Nous pouvons intervenir n'importe quel jour."

"Comme ce que tu as fait tout à l'heure."

"Je n'ai pas dit que je viendrais sur quoi que ce soit."

"Très bien, tu ne l'as pas fait. Il sera notre livre inachevé, Barbara."

"Il sera *votre* livre inachevé. J'ai bien terminé le mien. Tout le reste ne sera qu'une simple annexe."

"Tu penses que tu l'as complet ?"

"Assez complet."

"Oh, Barbara—"

"Ne me tente pas, Ralph."

"Après tout," dit-il, "nous ne faisions que jouer avec lui."

"Eh bien, nous ne devons pas recommencer."

"Plus jamais ?"

"Plus jamais. Je sais que c'est un jeu pour les dieux ; mais c'est un jeu cruel. Il faut y renoncer."

"Tu veux dire que nous devons l'abandonner ?"

"Oui, nous l'avons assez traqué et traqué. Nous devons le laisser partir."

"C'est le compact, n'est-ce pas ?"

"Oui."

"Nous allons le briser, Barbara; voyons si nous ne le faisons pas. Nous ne pouvons pas l'éloigner."

4

M. Waddington estima qu'après tout, grâce à son tact consommé, il avait marqué dans la séparation désagréable avec Mme Levitt. Mais quand il pensait à Barbara, à la petite Barbara, une rougeur lui montait au visage, aux oreilles, au front ; il le sentait — vague après vague de honte brûlante et désagréable.

Il retourna lentement à la bibliothèque et s'enferma avec la table à thé, le canapé et les coussins écrasés, profondément creusés sous la grande pression d'Elise. Il se demandait ce que Barbara avait absorbé, à quel moment précis elle était apparue. Il a essayé de reconstituer la scène. Il s'était penché sur Élise ; il se voyait penché sur elle, l'entourant, et la tête d'Elise, raidie, reculant de son baiser. Pire que sa répugnance, c'était l'idée que Barbara l'avait vu, ainsi que son attitude, son attitude vraiment très compromettante. L'avait-elle fait ? L'avait-elle fait ? La porte maintenant, elle était perpendiculaire au canapé ; peut-être que Barbara ne l'avait pas bien compris. Il se dirigea vers la porte et en sortit pour s'en assurer. Oui. Oui. À partir de ce moment-là, il ne servait à rien de prétendre qu'on ne pouvait pas le voir.

Mais Barbara s'était précipitée comme un petit tourbillon, et elle était allée droit au bureau, en lui tournant le dos. Elle n'aurait pas eu le temps de s'en rendre compte. Il était près de la cheminée avant qu'elle ne se retourne, avant qu'elle ait pu le voir. Il a dû se remettre en l'entendant arriver. Elle ne pouvait pas foncer ainsi sans être entendue. Il devait être debout, bien à l'écart d'Elise, sans se pencher sur elle au moment où Barbara entra.

Il essaya de se rappeler ce que Barbara avait dit en sortant. Elle avait dit quelque chose. Il ne se souvenait pas de ce que c'était, mais cela avait semblé rassurant. Maintenant, si Barbara avait vu quelque chose, elle ne se serait sûrement pas arrêtée à la porte pour dire des choses. Elle serait partie sans un mot. En fait, elle ne serait pas entrée du tout. Elle aurait reculé à l'instant même où elle l'aurait vu. Elle n'aurait tout simplement jamais pénétré jusqu'à la table à écrire. Il se rappelait avec quelle froideur elle avait pris les photos et était ressortie comme si de rien n'était.

Il est donc probable que rien ne s'était produit pour Barbara.

Puis il se souvint du rire horrible d'Élise. Barbara a dû entendre cela ; elle a dû se demander. Elle l'avait peut-être attrapé du bout de l'œil, pas assez pour jurer, mais suffisamment pour s'interroger ; et après, elle aurait mis ça et ça ensemble.

Et il faudrait qu'il dîne seul avec elle ce soir-là, face à ses yeux jeunes, clairs et francs.

Il ne savait pas comment il allait s'en sortir, et pourtant il y est parvenu.

Pour commencer, Barbara était très en retard pour le dîner.

Elle avait pensé à être en retard pour décevoir facilement M. Waddington. Elle entrait, souriante et s'excusant, manifestement en tort, l'ayant fait attendre, et il lui ferait preuve de gentillesse et lui pardonnerait, et sa grâce et son pardon contribueraient à le réintégrer. Il aurait besoin, pensa-t-elle, de beaucoup de réintégration. Barbara considérait qu'en matière de punition, il en avait assez. Mme Levitt, avec son "Espèce de vieil imbécile !" il lui avait fait tout et plus que tout ce que la justice pouvait exiger ; il y avait un point d'humiliation au-delà duquel aucune créature humaine ne devrait être invitée à souffrir. Être surpris en train de faire l'amour avec Mme Levitt et d'être traité de vieil imbécile ! Et puis se faire bombarder de rires indécents. Et, de toute façon, ce n'était pas à elle, Barbara, de le punir ou de le juger. Elle n'avait aucune raison de l'attraper, ni, en premier lieu, d'oublier les photographies.

Alors, comme elle voulait vraiment qu'il ne sache pas qu'elle l'avait attrapé, elle a continué à se comporter comme si de rien n'était. Tout au long du dîner, elle orienta la conversation vers des sujets susceptibles de le mettre sous un jour favorable ou intéressant. Elle évita le sujet de Fanny. Elle lui posait toutes sortes de questions sur son travail de guerre.

« Dites-moi, dit-elle, certaines des choses que vous avez faites lorsque vous étiez agent spécial. »

Et il lui raconta sa belle histoire. Certes, elle en connaissait déjà le meilleur, parce que Ralph l'avait raconté – c'était l'une de ses partitions contre elle – mais elle voulait qu'il s'en souvienne. Elle estimait que c'était précisément le genre de souvenir qui le réintégrerait plus rapidement que tout. Car en réalité, il avait joué un rôle considérable.

"Eh bien" - on pouvait voir à son visage qu'il était satisfait - "une des choses que nous devions faire était de parcourir les villages et les fermes après la tombée de la nuit pour vérifier qu'il n'y avait aucune lumière. Il était dix-neuf heures - oui — dix-neuf heures seize, en hiver. Ça devait être l'hiver, parce que je portais ma veste britannique avec un col en fourrure et il y avait régulièrement une frayeur.

"Raids aériens?"

"Non. Des clochards. Nous avions été assez terrorisés par une espèce de clochard méchant et dangereux. La police recherchait deux de ces types, des soldats libérés. Nous avions lancé un mandat d'arrêt contre eux. Vol et agression."

"Avec violence ?"

"Eh bien, vous pouvez appeler cela de la violence. L'un d'entre eux avait lancé un pot de pinte sur le propriétaire de King's Head et l'avait blessé. Et ils s'étaient enfuis avec deux bouteilles de bière et une boîte de Player's Navy Cut. Ils s'étaient enfuis avec deux bouteilles de bière et une boîte de bière Player's Navy Cut. nous sommes partis, Dieu sait où.

"Je conduisais jusqu'à Daunton par une très mauvaise nuit noire. Vous savez à quel point il fait sombre entre les bois de Byford Park ? Eh bien, je venais d'arriver quand j'ai croisé deux gars qui se faufilaient sous le mur. Ils Je me suis éloigné – c'était plutôt un rasage de près, sans aucune lumière appropriée – et j'ai braqué ma lampe électrique sur eux. Tant pis si ce n'étaient pas les types que nous recherchions et je devrais les faire entrer d'une manière ou d'une autre. , tout seul. Et deux contre un. Ce n'était pas une blague, je peux vous dire quels vilains couteaux et autres objets ils pouvaient avoir sur eux.

"Qu'est-ce que tu *as* fait?"

"Oui ? J'ai roulé cinquante mètres plus loin et j'ai garé la voiture devant la loge du portier à Byford. Puis je suis sorti, je suis arrivé et je les ai rencontrés. Ils essayaient de s'enfuir dans le bois quand j'ai de nouveau allumé ma torche sur eux. et a crié "Arrêtez!" d'une voix de parade.

"Ils se sont arrêtés, les mains levées pour le salut. J'ai pensé que l'habitude serait trop lourde pour eux lorsqu'ils ont entendu le mot d'ordre. J'ai dit : 'Vous devez venir avec moi.' Je ne savais pas comment diable j'allais les prendre s'ils ne voulaient pas y aller. Et ils avaient commencé à esquiver, alors j'ai réessayé : « Halte ! Une cascade de défilé régulière. Et ils se sont encore arrêtés. Puis je les ai harangués : « Eh bien, je suis un agent spécial, et j'ai un mandat d'arrêt ici.

"Je ne l'avais pas fait. Je n'avais rien d'autre qu'un formulaire d'impôt sur le revenu. Mais je l'ai sorti de ma poche de poitrine et j'ai braqué ma lumière sur les armoiries royales en haut. Cela leur suffisait. Puis j'ai crié à nouveau. dans ma voix de parade, « Tout à fait face ! Marche rapide ! »

"Et je les ai fait marcher. Je les ai fait marcher sur les trois kilomètres de Byford, à travers Lower Speed, et jusqu'à Wyck et jusqu'au commissariat de police. Et nous les avons arrêtés pour vol et agression."

"C'était intelligent de ta part."

"Non ; rien d'autre que de la présence d'esprit et du bluff, et montrer que vous n'allez pas supporter aucune bêtise. Mais je ne suppose pas que Corbett, Hawtrey ou aucun de ces types y auraient pensé."

Barbara se demandait : « Supposons que je me retourne contre lui et lui dise : « Espèce de vieux imbécile, tu sais que je n'en crois pas un mot. Tu sais que tu ne les as pas parcourus cent mètres. Ou ' *Je* t'ai vu cet après-midi.' A quoi ressemblerait-il ? » Il était inconcevable qu'elle dise ces choses. Si elle devait poursuivre seule son étude de lui, elle continuerait dans l'esprit dans lequel ils avaient commencé, elle et Ralph. Cet esprit n'admettait en lui qu'un amusement sans limites, une joie sans limites. L'indignation morale eût été une fausse note ; cela aurait été carrément une irrévérence envers le Dieu qui l'a créé.

Et s'il avait omis de mentionner que ces méchants et dangereux gaillards se révélaient être deux jeunes gens faibles, à moitié imbéciles et à moitié ivres, et que c'était M. Hawtrey, arrivé opportunément dans sa voiture, qui les avait pris en charge. le dernier kilomètre jusqu'au poste de police ? Il se trouve que M. Waddington avait franchement oublié ces détails, car ils les considéraient comme non essentiels à son histoire. (Il les *avait* fait marcher un mile.)

Après l'avoir raconté, il fut suffisamment rétabli dans sa propre estime pour proposer qu'ils travaillent ensemble sur les Ramblings après le dîner. Il a même ordonné que du café soit servi dans la bibliothèque, comme si de rien n'était. Malheureusement, par quelque oubli coupable d'Annie Trinder, les coussins portaient encore l'empreinte d'Elise. Une terrible prise de conscience lui vint lorsque Barbara, jetant un coup d'œil au canapé, refusa de s'asseoir dessus. Il s'était retourné juste à temps pour voir le film de ce que, d'humeur plaisante, il l'avait autrefois surnommée « le sourire barbare ». Après tout, elle a peut-être vu quelque chose. Ce n'était pas le rire de Mme Levitt, mais l'idée de ce que Barbara avait pu voir qui était sa punition – cela et le fait d'être seul avec elle, sachant qu'elle savait.

5

Tout cela s'est passé un mercredi et Fanny ne serait pas de retour avant samedi. Il avait trois jours entiers pour être seul avec Barbara.

Il avait pensé qu'aucune punition ne pouvait être pire que cela, mais au fur et à mesure que les trois jours passaient et que Barbara continuait à se comporter comme si de rien n'était, il s'y est habitué. C'est un vendredi soir, alors qu'il restait éveillé, examinant pour la centième fois la situation, que sa conscience lui montra quelle était sa véritable situation. Il y avait une punition pire que ce que Barbara savait.

Si Fanny savait...

Il y avait toutes sortes de façons par lesquelles elle pourrait apprendre à se connaître. Barbara pourrait lui dire. Les deux étaient aussi épais que des voleurs. Et si l'enfant devenait jalouse et hystérique... Elle n'avait jamais aimé Elise. Ou elle pourrait le dire à Ralph Bevan et il pourrait le dire à Fanny, ou il pourrait le dire à quelqu'un qui le lui dirait. Il y avait toujours beaucoup de gens qui considéraient qu'il était de leur devoir de signaler ces choses.

Bien sûr, s'il s'en remettait à Barbara et lui demandait de ne rien dire, il savait qu'elle la tiendrait. Mais et si pendant tout ce temps elle n'avait rien vu ni soupçonné ? Supposons que son calme vienne d'un esprit innocent de tout ce qui voit et soupçonne ? Il se serait alors trahi pour rien.

D'ailleurs, même si Barbara ne disait jamais rien, il y avait Elise. On ne savait pas
ce qu'Elise pourrait faire ou dire dans sa vulgaire fureur. Elle pourrait en parler à Toby ou à Markham, et les deux pourraient se rendre terriblement désagréables. L'histoire se répandrait dans tout le comté en un rien de temps.

Et il y avait les domestiques. Et si l'une des femmes se mettait en tête de donner un préavis à cause de « ce qui se passe ?

Il ne pourrait pas vivre en paix aussi longtemps que tout ou partie de ces choses seraient possibles.

La seule chose à faire était d'être à l'avance avec Barbara, Bevan, Elise, Toby, Markham et les domestiques ; le dire à Fanny lui-même avant qu'aucun d'entre eux puisse entrer en premier. Plus il y réfléchissait, plus il était persuadé que c'était la seule bonne chose, la seule chose simple et virile à faire ; en même temps, il lui vint à l'esprit qu'en supprimant quelques détails sans importance, il pourrait réellement donner un compte rendu très satisfaisant de toute l'affaire. Il ne serait pas nécessaire, par exemple, de dire à Fanny quelles avaient été ses intentions, si toutefois il en avait jamais eu. Car, à mesure qu'il revenait sans cesse sur toute cette stupide affaire, ses intentions – celles qui concernaient la petite maison de Cheltenham ou de St. John's Wood – avaient tendance à retomber dans l'état de rêve d'où elles étaient sorties, éclaircissant davantage sa conscience. et plus encore de toute infraction réelle. Il n'avait en fait à expliquer que son attitude, l'attitude un peu compromettante dans laquelle Barbara l'avait trouvé. Et cela pourrait être très facilement expliqué. Fanny n'était pas une de ces femmes exigeantes et jalouses ; elle serait prête à accepter une explication raisonnable de n'importe quoi. Et tu pourrais toujours l'apaiser par un peu d'attention.

Ainsi, vendredi après-midi, M. Waddington lui-même a conduit la voiture jusqu'à la gare de Wyck et a rencontré Fanny sur le quai. Il lui préparait lui-même du thé et la servait, bougeant assidûment et souriant d'un sourire affectueux mais plutôt conscient. Il était poussé à ces actes spontanément, à cause de cette douceur et de cette tendresse envers Fanny que la simple pensée d'Elise suffisait toujours à lui inspirer.

Ainsi, en restant toute la soirée près de Fanny, il faisait en sorte que Barbara n'ait pas l'occasion de lui dire quoi que ce soit. Et dans la dernière heure avant le coucher, alors qu'ils étaient seuls ensemble dans le salon, il commença.

Il ferma soigneusement la porte derrière Barbara et revint à sa place, l'air renfrogné comme quelqu'un submergé par des pensées anxieuses. Il exagéra volontairement cette expression, pour que Fanny s'en aperçoive et lui fasse son introduction, ce qu'elle fit.

"Eh bien, mon vieux, pourquoi as- *tu* l'air si maussade ?"

"Est-ce que j'ai l'air maussade ?"

"Lamentable. Qu'est-ce qu'il y a ?"

Il se tenait debout devant la mentonnière, la conscience soutenue par cette posture de rectitude.

"Je ne suis pas très à l'aise avec Barbara", a-t-il déclaré.

"Barbara ? Qu'est-ce *qu'elle* a fait ?"

"Elle n'a rien fait. C'est... c'est plutôt ce qu'elle pourrait faire si vous ne l'arrêtez pas."

"Je ne veux pas l'arrêter", dit Fanny, "si vous pensez à Ralph Bevan."

"Ralph Bevan ? Je ne pense certainement pas à lui. Elle non plus."

"Eh bien, quoi ?"

"Je pensais à moi."

"Ma chérie, tu n'imagines sûrement pas que Barbara pense à toi ?"

"Pas... pas comme vous le sous-entendez. Le fait est que j'ai eu droit à une... une scène plutôt désagréable l'autre jour avec Mme Levitt."

"J'ai toujours pensé", dit Fanny, "que cette femme te laisserait entrer pour quelque chose. Eh bien ?"

"Eh bien, je sais à peine comment t'en parler, ma chérie."

"Pourquoi, c'était aussi grave que ça ? Peut-être que je ferais mieux de ne pas le savoir."

"Je veux que tu le saches. J'essaie de te le dire... à cause de Barbara."

"Je ne vois pas où Barbara entre en jeu."

« Elle est entrée dans la bibliothèque pendant que ça se passait… »

Fanny rit et cela le déconcerta.

"Qu'est-ce qui se passait?" dit-elle. "Tu ferais mieux de me le dire directement. Je ne pense pas que ce soit aussi grave que tu le penses."

"J'ai seulement peur de ce que Barbara pourrait penser."

"Oh, tu peux faire confiance à Barbara pour ne pas penser à certaines choses. Elle ne le fait jamais."

Chère Fanny. Il aurait trouvé son travail d'explication atrocement difficile avec n'importe quelle autre femme. N'importe quelle autre femme l'aurait enlacé de plus en plus fort ; mais il voyait que Fanny essayait de mettre les choses au clair, de l'aider avec tout son honneur, son respect et sa dignité intacts. Chaque tour qu'elle donnait à la conversation le favorisait.

"Ma chérie, j'ai bien peur qu'elle ait vu quelque chose qui, je dois le dire, était sujet à une mauvaise interprétation. Ce n'était pas de ma faute, mais—"

Non. Mieux il s'en souvenait, plus il voyait clairement que c'était la faute d'Elise, pas la sienne. Et il voyait bien que Fanny pensait que c'était la faute d'Elise. Cela suggérait l'étape suivante dans une démarche qui n'était pas un parjure parce qu'elle était purement instinctive, le subterfuge d'une vanité terrifiée. Il lui semblait qu'il n'avait aucun plan ; qu'il suivait Fanny.

— Ma foi, je te le dis tout de suite, Fanny, mais je n'aime pas trahir la pauvre femme.

"Mme Levitt ?" dit Fanny. "Cela ne vous dérange pas. Vous pouvez être sûr qu'elle *vous* trahira si vous ne le faites pas."

Elle lui donnait une piste claire.

Lorsqu'il commença, il avait vraiment eu l'idée d'avouer, quelque part à ce sujet, qu'il avait perdu la tête ; mais quand on en arriva au point, il comprit que cet aveu était inutilement chimérique, et qu'il serait bien plus en sécurité s'il suggérait qu'Elise avait perdu la sienne. En fait, c'était Fanny qui l'avait suggéré en premier lieu. Ce n'était peut-être pas une imputation tout à fait juste, mais, bon sang, c'était la seule qui pourrait vraiment apaiser Fanny, et il devait penser à Fanny et non à Elise. Il lui devait cela. Pour elle, il doit renoncer au luxe personnel de dire la vérité. Les choses n'iraient pas plus loin avec Fanny, et c'était seulement ce que Fanny avait elle-même cru de toute façon et croirait toujours. Elise ne serait pas plus mal lotie pour Fanny. Alors il s'est laissé aller.

"On ne sait pas ce qu'elle pourrait faire", a-t-il déclaré. " Elle était dans un état complètement hystérique. Elle était venue me voir avec ses problèmes habituels – incapable de payer son loyer, etc. – et en parlant, elle était devenue très bouleversée et euh… euh… a perdu la tête et m'a emmené complètement par surprise."

"Ça", pensa-t-il, "elle l'a certainement fait."

"Tu veux dire que tu as perdu le tien aussi ?" dit doucement Fanny.

"Je n'ai rien fait de tel. Mais j'étais plutôt alarmé. Avant qu'on puisse dire "couteau", elle était entrée dans une violente crise de hystérique, et j'essayais juste de la ressaisir quand Barbara est entrée." Son explication était tellement plus plausible que la réalité qu'il y croyait presque lui-même. "Je pense", dit-il pensivement, "qu'elle *a dû* me voir penché sur elle."

« Et elle n'a pas proposé son aide ?

"Non; elle s'est précipitée à l'intérieur et elle s'est précipitée à nouveau. Elle n'a peut-être rien vu; mais au cas où elle le ferait, j'aimerais, ma chère, que vous m'expliquiez."

"Je pense que je ferais mieux de ne pas le faire", a déclaré Fanny, "au cas où elle ne le ferait pas."

"Non. Mais cela m'inquiète à chaque fois que j'y pense. Elle est entrée directement dans la pièce. En plus," dit-il, "nous devons penser à Mme Levitt."

"Mme Levitt ?"

"Oui. Mettez-vous à sa place. Elle n'aimerait pas que je lui fasse l'amour. Elle pourrait considérer que tout cela la rendait aussi ridicule que moi."

"J'avais oublié le point de vue de Mme Levitt. Vous m'avez plutôt fait comprendre que c'était ce qu'elle voulait."

"Je n'ai jamais rien dit de tel." Voyant que l'explication se déroulait si bien, il pouvait se permettre d'être magnanime.

"J'ai dû l'imaginer", dit Fanny. « Elle s'est rétablie, je suppose, et vous vous êtes débarrassé d'elle ?

"Oui, je me suis bien débarrassé d'elle."

"Eh bien," dit Fanny en se reprenant pour aller se coucher, "je ne devrais plus m'inquiéter pour ça. Je vais arranger les choses avec Barbara."

Elle monta dans la chambre de Barbara, où Barbara, toujours habillée, lisait au coin du feu.

"Entre, chérie," dit Barbara. Elle se leva et s'accroupit sur le tapis, laissant sa chaise à Fanny.

Fanny entra et s'assit.

"Barbara," dit-elle, "qu'est-ce qu'il y a à propos d'Horatio et de Mme Levitt ?"

"Je ne sais pas", dit catégoriquement Barbara, avec une soudaine présence d'esprit.

"J'ai dit que non. Mais le pauvre vieux n'arrête pas de parler de ça. Il pense que tu as vu quelque chose l'autre jour. Quelque chose que tu n'as pas compris. Vraiment ?"

Barbara ne dit rien. Elle détourna les yeux de Fanny.

"As-tu?"

"Bien sûr que non."

"Bien sûr que tu l'as fait. Il dit que tu as dû voir. Et ça l'inquiète sans fin."

"J'ai vu quelque chose. Mais il n'a pas à s'inquiéter. J'ai bien compris."

"Qu'as-tu vu?"

"Rien. Rien d'important."

"Cela compte terriblement pour moi."

"Je ne pense pas que ce soit nécessaire", a déclaré Barbara.

"Mais c'est le *cas* . Dans un sens, ce qu'il fait ne me dérange pas, et dans un sens, c'est le cas. Je m'en soucie encore assez."

"Je ne pense pas qu'il y ait quoi que ce soit dont tu as terriblement besoin."

"Oui, mais il y *avait* quelque chose. Il a dit que oui. Il avait peur que vous ne compreniez mal. Il a dit qu'il était penché sur elle quand vous êtes entré."

"Eh bien, il *se* courbait un peu."

"Que faisait *-elle* ?"

"Elle riait."

"En état d'hystérie ?"

Elle a tout vu.

"Je suppose qu'on pourrait appeler ça des hystériques. Mais ce n'étaient pas de gentilles hystériques. Ce n'est pas une gentille femme."

"Non. Mais il lui faisait l'amour et elle se moquait de lui. Elle était assez gentille pour ça."

"Si c'est gentil."

"Pourquoi, que pourrait faire d'autre la pauvre femme si elle est honnête ?"

"Oh, elle est assez honnête sur *ce* point", a déclaré Barbara.

"Et il ne pouvait pas le voir. Il est tellement concentré sur son beau nez de Postlethwaite qu'il ne peut rien voir de ce qui se passe en dessous… Pourtant, honnête ou pas honnête, c'est une bête, Barbara. Quand ils avaient été de tels amis et il l'avait aidée, pour s'en prendre à la pauvre chose comme ça. Elle aurait tout aussi bien pu lui tirer le nez de Postlethwaite. Cela n'aurait pas pu faire plus mal.

"Oh, je pense qu'il s'en remettra."

"Je veux dire, ça n'aurait pas pu *me faire* plus mal."

"C'est *une* bête", a déclaré Barbara. "Je te parie que tout ce que tu veux, c'est de sa faute. Elle l'y a poussé."

"Non, Barbara, c'était *de ma* faute. *Je* l'ai conduit. Je me moque toujours de lui, et il ne supporte pas qu'on se moque de lui. Cela le fait se sentir étouffé et d'âge moyen. Il n'y va que par passion parce que ça le fait se sentir jeune.

"Ce n'est pas vraiment de la passion", a déclaré Barbara.

"Non, espèce de sage, ça ne l'est pas. Si c'était le cas, je pourrais lui pardonner. Je pourrais le pardonner s'il se sentait vraiment jeune. C'est cette horrible affectation que je ne supporte pas… Mais c'est ma faute, Barbara, ma faute." . J'aurais dû le garder jeune…."

Ils restèrent silencieux, Barbara aux pieds de Fanny. Fanny baissa bientôt la tête de la jeune fille sur ses genoux.

"Tu ne seras jamais vieille, Barbara", dit-elle. "Et Ralph ne le fera pas."

"Qu'est-ce qui t'a fait penser à Ralph, Fanny ?"

"Horatio, bien sûr."

XII

1

Si une rumeur circulait dans Wyck-on-the-Hill, elle devait tôt ou tard parvenir à la vieille dame de Dower House. La Dower House était le centre de redistribution des nouvelles du quartier.

Ainsi M. Waddington apprit que Mme Levitt parlait de louer la Maison Blanche meublée ; qu'elle avait des dettes envers tous les commerçants de la place ; que son loyer chez Mme Trinder était toujours dû ; que ses pertes au bridge n'ont jamais été payées. Il apprit que si le major Markham avait pensé à Mme Levitt, il avait changé d'avis ; il y avait même une rumeur précise sur des fiançailles rompues. Quoi qu'il en soit, le major Markham accordait désormais une attention indubitable à la plus jeune Miss Hawtrey de Medlicott. Mais comme, fiançailles ou pas, ses attentions envers Mme Levitt avaient également été indubitables, leur rupture nécessitait quelques explications. On supposait que la lettre que la mère du major, la vieille Mme Markham de Medlicott, avait reçue de sa fille, Mme Dick Benham de Tunbridge Wells, l'expliquait de manière très détaillée. Il y avait des « choses » dans cette lettre que Mme Markham n'avait pas pu répéter, mais vous deviniez à sa singulière réticence qu'elles avaient quelque chose à voir avec Dick Benham et Mme Levitt, et qu'elles démontraient de manière concluante qu'Elise n'était pas ce que la vieille Mme Waddington appelait « une gentille femme ».

"On dit qu'elle a mené une vie horrible à Frank Levitt. Les Benham, ma chère, ne veulent pas qu'elle soit à la maison."

Mais tout cela était insignifiant comparé à la correspondance qui s'échangeait désormais entre M. Waddington et Elise. Il admettait maintenant que le vieux Corbett savait de quoi il parlait lorsqu'il l'avait prévenu qu'il serait débarqué – débarqué, s'il n'y prenait pas garde, à hauteur de cinq cent cinquante-cinq livres. Ses lettres à Mme Levitt, dictées à Barbara Madden, révélaient le soin qu'il devait apporter. Pour des motifs qui lui paraissaient chevaleresques, il s'était abstenu de lui montrer les lettres de Barbara Mme Levitt. Il la laissa recueillir la substance brute de ses admirables réponses.

"'MA CHÈRE Mme LEVITT:

"'Je crains de devoir vous conseiller d'abandonner le projet si cela dépend de ma coopération. Je pensais avoir défini ma position...'

"J'ai défini ma position, c'est bon, je pense."

"Ça a l'air bien", a déclaré Barbara.

« Cette position reste ce qu'elle était. Et comme votre intelligence exceptionnellement fine ne peut manquer de la comprendre, il n'est pas nécessaire d'en dire davantage.

"'Du moins, je l'espère. Je serais désolé si nos relations très agréables se terminaient par une déception...'"

Pendant un instant, elle put le voir sourire, sentant voluptueusement le côté tranchant et brillant de ses mots avant qu'ils ne le coupent. Il recula, renfrogné par-dessus un soudain et sombre souvenir.

"Déception..." dit Barbara, lui donnant son signal.

"Déception n'est pas tout à fait le mot. Je veux quelque chose, quelque chose de plus chevaleresque."

Ses yeux se détournèrent d'elle, faisant semblant de le chercher.

" Ah... maintenant je l'ai. " Des relations très agréables se sont terminées sur une note... sur une note de... sur une note inattendue.

"'Avec mes meilleures salutations, très sincèrement vôtre,

"'HORATIO BYSSHE WADDINGTON.'

"Vous verrez, Barbara, que je dis exactement la même chose, mais de manière inoffensive, comme le devrait un gentleman."

Quarante-huit heures plus tard, il dictait :

"' CHÈRE Mme LEVITT :

« Non : je n'ai aucune suggestion à vous faire, sinon que vous réduisiez vos dépenses très considérables. Pour le reste, croyez-moi, il est aussi désagréable pour moi d'être obligé de refuser votre demande que je suis sûr qu'il doit l'être pour vous de la faire. —'

"Hm. Reposez-vous, demandez. Cela ne suffira pas. 'Aussi désagréable pour moi de devoir refuser qu'il doit l'être pour vous de demander.'

"C'est plus simple, ça. N'utilisez jamais une phrase élaborée là où une simple suffirait.

"'Vous avez la bonté de dire que j'ai tant fait pour vous dans le passé. J'ai fait ce que j'ai pu; mais vous me pardonnerez si je dis qu'il y a une limite au-delà de laquelle je ne peux pas aller.

"'Cordialement,

"'HORATIO B. WADDINGTON.'

"Je lui ai déjà envoyé un chèque de cinquante-cinq livres. Cela aurait dû la calmer."

« Vous l'avez réglée ? Vous ne voùlez pas dire que vous lui avez envoyé un *chèque* ?

"Je l'ai fait."

"Tu n'aurais pas dû lui envoyer quoi que ce soit."

"Mais je l'avais promis, Barbara—"

"Je m'en fiche. Tu aurais dû attendre."

"Je voulais fermer le compte et en finir avec elle."

" Ce n'est pas ainsi qu'on peut le clôturer en envoyant des chèques. Ce chèque devra passer par la Parson's Bank. Et si Toby le voit ? "

"Et s'il le faisait ?"

"Il pourrait s'y opposer. Il pourrait même en faire une querelle à ce sujet."

"Que pouvais-je faire ? Je devais la payer."

"Vous auriez pu établir le chèque à mon nom. Il aurait été considéré comme mon trimestre de salaire. J'aurais pu l'encaisser et vous auriez pu lui donner des notes."

"Et si Toby se souvenait de leurs numéros ?"

"Vous auriez pu les échanger contre des billets de dix shillings à Cheltenham."

"Toutes ces précautions élaborées !"

"Il ne faut pas être trop prudent quand on a affaire à une femme comme celle-là… C'est tout ce que tu lui as donné ?"

"Tous?"

"Oui. Lui as-tu déjà donné quelque chose à un autre moment ?"

"Eh bien… peut-être… de temps en temps…"

"Avez-vous une idée du montant total ?"

"Je ne peux pas le dire d'emblée. Et je ne vois pas ce que cela a à voir avec ça."

"Cela a tout à voir avec ça. Pouvez-vous le découvrir ?"

"Certainement, si je consulte mes vieux chéquiers."

"Tu ferais mieux de le faire maintenant."

Il se tourna sombrement vers son bureau. Les chéquiers de l'année en cours et de l'année précédente révélaient divers petits prêts accordés à Mme Levitt, s'élevant au total à cent cinquante livres impaires.

"Oh, mon Dieu," dit Barbara, "tout cela est contre vous. Pourtant, tout est avant mercredi. Quel dommage que vous ne lui ayez pas payé ces cinquante-cinq dollars avant votre entretien."

"Comment veux-tu dire?"

"Il est presque certain qu'elle a mal interprété votre paiement si tôt."

"Après l'interview ? Tu penses vraiment qu'elle m'a mal compris, Barbara ?"

"Je pense qu'elle veut que tu penses qu'elle l'a fait."

"Tu penses qu'elle essaie-essaye-de-"

"Pour te vendre son silence ? Oui, je le fais."

"Bon Dieu ! Je n'y avais jamais pensé. Chantage."

"Je ne suppose pas un seul instant qu'elle pense qu'elle vous fait chanter. Elle est juste en train de l'essayer… Et elle pourrait aussi augmenter son prix. Elle ne se reposera pas tant qu'elle n'aura pas récupéré ces cinq cents de votre part."

La communication suivante de Mme Levitt semble avoir conforté les soupçons de Barbara, car M. Waddington fut obligé d'y répondre ainsi :

" CHÈRE Mme LEVITT :

« Vous dites que vous aviez « raison » à ce moment-là et que mes « promesses » étaient « conditionnelles » »——

(Vous pouviez dire d'où venaient les virgules inversées grâce au ton mordant de son ton.)

— "Je n'arrive pas à comprendre le sens de cette allusion. Je ne peux pas imaginer à quelles conditions vous faites référence. Je n'en ai fait aucune. Quant aux promesses, je ne suis pas responsable de l'interprétation un peu restrictive que vous jugez bon de donner aux expressions générales de bonne volonté d'un ami. .

"Votre serviteur,

"HORATIO BYSSHE WADDINGTON."

Sa dernière lettre, un jour plus tard, n'est jamais parvenue à sa signature.

"CHÈRE MADAME:

"Ma décision ne sera pas affectée par l'éventualité que vous suggérez. Vous êtes parfaitement libre de dire ce que vous voulez. Personne ne vous croira."

"Je pense que c'est tout ce que je peux aller."

"Beaucoup trop loin", a déclaré Barbara.

"Et ça, c'est la prendre trop au sérieux."

"Beaucoup. Tu ne dois pas envoyer cette lettre."

"Pourquoi pas?"

"Parce que ça te trahit."

"Ça me trahit ? Cela me semble le plus prudent."

"Ce n'est pas le cas. Cela implique qu'il y *a* des choses qu'elle pourrait dire. Même si cela ne vous dérange pas qu'elle les dise, vous ne devez pas les mettre par écrit."

" Ah-h. Il y a quelque chose là-dedans. Bien sûr, je pourrais la menacer avec une lettre d'avocat. Mais d'une manière ou d'une autre... Le fait est, Barbara, si vous êtes un homme honnête, vous êtes handicapé face à une femme. Délicatesse. Il y a des choses qui pourraient être dites. Des choses importantes – la plupart importantes pour l'affaire. Mais je ne peux pas les dire. »

"Non. Vous ne pouvez pas les dire. Mais je peux. Je pense que je pourrais tout arrêter en cinq minutes, si je voyais Mme Levitt. Me laisserez-vous faire ?"

"Viens—je ne sais pas—"

"Pourquoi pas ? Je t'assure que tout ira bien."

"Eh bien. Peut-être. C'est une question d'affaires. Une pure question d'affaires."

"C'est certainement le cas. Il n'y a aucune raison pour que vous ne le remettiez pas à votre secrétaire."

Il hésita. Il avait toujours peur de ce qu'Elise pourrait dire à Barbara.

"Vous comprendrez qu'elle est dans un état très déséquilibré. Excitable. Une femme dans cet état a tendance à donner des interprétations aux actes les plus innocents."

"Elle ne pourra plus en mettre une après que j'en ai fini avec elle. Si cela arrive, je peux aussi faire des interprétations."

M. Waddington a alors, sous la dictée de Barbara, écrit une courte note à Mme

Levitt l'invitant à l'appeler et à le voir cet après-midi à trois heures.

2

A trois heures, Barbara était prête à l'accueillir.

Elle avait pris pour l'occasion ses manières du War Office, cette douceur ferme avec laquelle elle se tenait entre les intervieweurs importuns et son chef. Cela avait fait d'elle la joie de son département.

"M. Waddington est extrêmement désolé de ne pas pouvoir vous voir lui-même. Il est actuellement fiancé avec son agent."

M. Waddington avait effectivement créé cet engagement.

"Fiancé ? Mais j'ai un rendez-vous."

"Oui. Il est vraiment désolé. Il a dit que si je pouvais faire quelque chose pour toi—"

"Merci, Miss Madden. Si cela ne vous dérange pas, je préférerais de loin voir M. Waddington lui-même. Je peux attendre."

"Je ne vous le conseillerais pas. J'ai peur qu'il ne soit long. Il a des affaires très importantes en cours en ce moment."

" *Mes* affaires, " dit Mme Levitt, " sont très importantes. "

"Oh, si ce n'est que pour affaires", dit Barbara, "je pense que nous pouvons régler cela immédiatement. J'ai eu la plupart de la correspondance entre mes mains et je pense que je connais toutes les circonstances."

"Vous avez eu la correspondance entre vos mains ?"

"Eh bien, vous voyez, je suis la secrétaire de M. Waddington. C'est pour cela que je suis ici."

"Je ne savais pas qu'il confiait ses affaires privées à sa secrétaire."

"Il y est obligé. Il en a tellement. Vous ne vous attendez sûrement pas à ce qu'il recopie ses propres lettres ?"

"Je ne m'attends pas à ce qu'il remette mes lettres à d'autres personnes pour qu'elles les lisent."

"Je n'ai pas lu vos lettres, Mme Levitt. J'ai simplement noté ses réponses pour les copier et les classer pour référence."

"Alors, ma chère Miss Madden, vous ne connaissez pas toutes les circonstances."

« Quoi qu'il en soit, je peux vous dire ce que M. Waddington a l'intention de faire et ce qu'il ne fait pas. Vous voulez le voir, je suppose, au sujet du prêt pour l'investissement ?

Mme Levitt était trop profondément déconcertée pour répondre.

Barbara continua avec sa ferme douceur. "Je sais qu'il est vraiment désolé de ne pas pouvoir faire plus, mais, comme vous le savez, il n'a pas conseillé l'investissement et il ne peut pas avancer quoi que ce soit au-delà des cinquante livres qu'il vous a déjà payées."

« Puisque vous en savez tant sur le sujet », dit Mme Levitt avec une certaine truculence calme et contenue, « autant savoir tout. Vous vous trompez complètement en supposant que M. Waddington n'a pas conseillé l'investissement. Au contraire, c'est sur ses représentations que j'ai décidé de placer. Et c'est sur la garantie qu'il m'a offerte que mes notaires m'ont avancé l'argent. Il est responsable de toute l'affaire qu'il m'a fait prendre des engagements sans lesquels je ne peux tenir. lui, et quand je lui demande de tenir ses promesses, il me laisse tomber.

"Je ne pense pas que M. Waddington sache que vos avocats ont avancé l'argent. Il n'y a aucune référence à eux dans la correspondance."

"Je pense que si vous parcourez vos *dossiers* , ou si M. Waddington parcourt les siens, vous constaterez que vous vous trompez."

"Je peux dire à M. Waddington ce que vous m'avez dit et vous faire savoir ce qu'il dit. Si cela ne vous dérange pas d'attendre une minute, je peux vous le faire savoir maintenant."

Elle alla chercher M. Waddington dans son bureau – heureusement situé dans l'aile des cuisines, la plus éloignée de la bibliothèque. Elle le trouva seul (l'agent était parti), assis sur une chaise dure Windsor. Il savait qu'Elise ne pouvait pas le poursuivre jusque dans son bureau ; il était même douteux qu'elle sache où il se trouvait. Il s'y était retiré comme dans une position imprenable.

Non pas qu'il ait l'air en sécurité. Son visage s'affaissa plus que jamais, comme si le nez de Postlethwaite avait retiré son appui de cette chair pâle de funk. Si cela avait un sens clair, il exprimait une attente terrifiée de chantage. Sa moustache et ses cheveux tombaient lamentablement.

"Etes-vous désengagé ?" dit-elle.

"Oui. Mais pour l'amour de Dieu, ne lui dis pas ça."

"Tout va bien. Elle sait qu'elle ne te verra pas."

"Bien?"

Elle sentit l'étrange et pathétique attachement de son esprit à elle, comme s'il réalisait qu'elle tenait son honneur et le bonheur de Fanny entre ses mains.

"Elle ne va pas abandonner ces cinq cents sans lutter."

"Et diable, elle ne l'est pas. Pour quelles raisons le prétend-elle ?"

— Elle dit que vous lui avez conseillé de faire un certain investissement et que vous lui avez promis de lui prêter la moitié de la somme qu'elle désirait.

"Je n'ai fait aucune promesse. J'ai dit : 'Peut-être que cette somme pourrait être versée.' J'ai dit très clairement que cela dépendrait des circonstances."

"Dans des circonstances qu'elle comprenait, qu'elle connaissait ?"

"Euh... dans des circonstances qui... Non. Elle n'en était pas au courant."

« Pourtant, vous avez posé des conditions ?

"Non. J'ai fait… une réserve mentale."

"Elle semble être consciente des circonstances qui vous ont influencé. Elle pense que vous êtes revenu sur votre parole."

"Je n'ai reculé sur rien. Ma parole est sacrée. La femme ment."

"Elle maintient que la promesse a été faite, que sur la base de celle-ci, elle a investi une certaine somme d'argent par l'intermédiaire de ses avocats, qu'ils ont avancé l'argent sur cette garantie et que vous avez conseillé l'investissement."

"Je ne lui ai pas conseillé. Je lui ai conseillé d'y renoncer. Je lui ai écrit. Vous avez noté la lettre… Non, vous ne l'avez pas fait. J'ai copié celle-là moi-même."

"L'avez-vous ? Je ferais mieux de le lui montrer."

"Oui. C'est... c'est... confondre, c'est dans mon tiroir privé."

"Je ne peux pas le trouver ?"

Il hésita. Il n'aimait pas l'idée que quiconque, même la petite Barbara, fouille dans son tiroir privé, mais il devait choisir le moindre de deux maux, et cette lettre mettrait l'affaire hors de tout doute.

"Voici la clé", dit-il en la lui donnant. "C'est daté du 30 ou du 31 octobre. Mais ce n'est que de la bêtise. J'ai des raisons de croire que l'argent n'a jamais été investi. Ce ne sont que des dettes. Elle n'a pas une jambe sur laquelle s'appuyer. Pas une jambe."

"Pas une souche", a déclaré Barbara. "Laisse-la-moi."

Elle est retournée à la bibliothèque. Le visage de Mme Levitt se releva en signe d'interrogation excitée.

"Un instant, Mme Levitt."

Après une recherche légèrement prolongée dans le tiroir privé de M. Waddington, elle trouva la lettre du 31 octobre et revint avec elle au bureau. C'était très court et clair :

" MA CHER ÉLISE :

"Je ne peux rien promettre, cela dépend des circonstances. Mais si vous m'envoyiez le nom et l'adresse de vos avocats, cela pourrait aider."

"Prends-le", dit-il, "et montre-le-lui."

3

Barbara retourna à la bibliothèque et à son dernier combat avec Elise.

Cette fois, elle s'était armée des chéquiers.

Mme Levitt commença : « Eh bien… ?

"M. Waddington dit qu'il est vraiment désolé s'il y a un malentendu. Je ne sais pas si vous vous souvenez avoir reçu cette lettre de lui ?"

Mme Levitt cligna des yeux en lisant la lettre.

"Bien sur que je me souviens."

"Vous voyez qu'il aurait difficilement pu exprimer sa position plus clairement."

"Mais... cette lettre est datée du 31 octobre. La promesse dont je parle a été faite longtemps après."

« Cela ne ressort pas de ses lettres, de tout ce que j'ai noté. Si vous pouvez me montrer quelque chose par écrit… »

"Écrire ? M. Waddington est un gentleman et il était mon ami. Je n'ai jamais rêvé de l'obliger à des promesses écrites. Je pensais que sa parole suffisait. Je n'ai jamais rêvé qu'il y revienne. Et après m'avoir compromis en chemin il a fini."

Les sourcils de Barbara se haussèrent délicatement, innocemment. « Vous *a-t-* il compromis ?

"Il a."

"Comment?"

"Peu importe comment. De quoi déclencher toutes sortes d'histoires désagréables."

"Vous ne devriez pas les écouter. Les gens racontent des histoires sans rien pour les démarrer."

"Cela ne les rend pas moins désagréables. J'aurais dû penser que c'était le moins que M. Waddington puisse faire..."

"Ce serait de vous verser une compensation ?"

"Il ne peut y avoir aucune compensation dans un cas de ce genre, Miss Madden. Je ne parle pas d'indemnisation. M. Waddington doit comprendre qu'il ne peut pas me compromettre sans se compromettre lui-même."

"Je devrais penser qu'il s'en rendrait compte, tu sais."

"Alors il devrait comprendre qu'il n'est pas exactement en mesure de renoncer à ses engagements."

« Pensez-vous que *vous* êtes en mesure – exactement – de le contraindre à des engagements qu'il n'a jamais pris ?

"Je vous ai déjà dit qu'il m'a laissé participer à des engagements que je ne pourrai pas respecter s'il revient sur sa parole."

"Je vois. Et tu veux que ce soit désagréable pour lui. Aussi désagréable que possible ?"

"Je peux rendre la situation encore plus désagréable pour lui, Miss Madden, que pour moi."

"Quoi, après tous ces compromis ?"

"Je le pense. Si, par exemple, je choisissais de raconter à quelqu'un ce qui s'est passé l'autre jour, ce que tu as vu toi-même."

« *Est-ce que* j'ai vu quelque chose ?

"Vous ne pouvez pas nier que vous avez vu quelque chose que vous n'étiez pas censé voir."

" Vous voulez dire mercredi après-midi ? Eh bien, si M. Waddington a choisi de dire que je vous ai vu dans une crise d'hystérie, je ne devrais pas *le nier* . "

"Je vois. Vous êtes bien postée, Miss Madden."

"Je le suis plutôt. Mais supposons que vous disiez à tout le monde dans l'endroit où il a été surpris en train de vous faire l'amour, à quoi cela vous servirait-il ?"

"Excusez-moi, nous ne parlons pas du bien que cela me ferait, mais du mal que cela lui ferait."

"Même chose", dit Barbara. « Supposons que vous le disiez à tout le monde et que personne ne vous croie ? »

"Tout le monde me croira. Vous oubliez que ces histoires circulaient bien avant mercredi."

" Tant mieux pour M. Waddington et tant pis pour vous. Vous avez été compromis avant mercredi. Alors pourquoi, si vous n'aimiez pas être compromis, avez-vous consenti à venir prendre le thé seule avec lui lorsque sa femme était absente ? "

"Je suis venu pour affaires, *comme vous le savez* ."

"Vous êtes venu emprunter de l'argent à un homme qui vous a compromis ? Si vous faisiez si attention à votre réputation, j'aurais pensé que cela aurait été la dernière chose que vous auriez fait."

"Vous oubliez mon amitié avec M. Waddington."

" Vous avez parlé d'affaires tout à l'heure. Amitié ou affaires, ou affaires *et* amitié, je ne pense pas que vous présentiez un très bon dossier, Mme Levitt. Mais en supposant que vous l'ayez fait, et en supposant que M. Waddington a perdu la tête et vous *faisait* l'amour mercredi, imaginez-vous que les gens ici vont prendre *votre* parti contre *lui* ?"

"Il n'est pas si populaire à Wyck que ça."

"Il ne l'est peut-être pas, mais sa caste l'est. Immensément populaire dans le comté, et je suppose que c'est tout ce qui vous importe. Vous devez vous rappeler, Mme Levitt, qu'il est M. Waddington de Wyck ; vous n'êtes pas en train de combattre un seul M. . Waddington, mais trois cents ans de Waddington. Vous affrontez tous ses ancêtres.

m'en fiche de ses ancêtres", dit Mme Levitt avec un geste du pouce.

"Vous ne le ferez peut-être pas. Moi certainement pas. Mais d'autres personnes le font. Le major Markham, les Hawtrey, les Thurston, même les Corbett, pensez-vous qu'ils vont tous se retourner contre lui parce qu'il a perdu la tête pendant une minute un mercredi." ? Dix contre un, ils réfléchiront tous et *diront*: c'est vous qui l'avez obligé à le faire.

"Je l'ai créé ? Absurde !"

"Pas si absurde que vous l'imaginez. Vous devez tenir compte des préjugés des gens. Si vous vouliez être clair, vous n'auriez pas dû lui prendre tout cet argent."

"Tout cet argent en effet ! Un prêt, un simple prêt temporaire, pour un investissement qu'il a recommandé."

« Non seulement ce prêt, mais… » Barbara sortit les chéquiers avec leurs talonnettes accablantes. « Regardez ici : vingt-cinq livres le 31 janvier. Et ici – octobre de l'année dernière, et juillet et janvier avant cela – plus de cent cinquante en tout. Comment allez-vous expliquer cela ?

"Et qui va croire que M. Waddington a payé tout cela pour rien, si une personne particulièrement méchante se lève et dit qu'elle ne l'a pas fait ? Vous voyez dans quelle horrible position vous seriez, n'est-ce pas ?"

Mme Levitt n'a pas répondu. Son visage s'épaissit légèrement avec une terrible rougeur. Son courage était à bout.

Barbara l'a regardé partir. Elle a poursuivi son avantage. "Et si je disais à tout le monde, par exemple à son ami le major Markham, que vous lui faisiez pression pour obtenir ces cinq cents, immédiatement *après* l'affaire de mercredi, sous la menace de dénonciation, cela ne ressemblerait-il pas beaucoup à du chantage ?"

"Chantage ? *Vraiment*, Miss Madden—"

"Je ne suppose pas que vous le *vouliez* faire du chantage; je souligne seulement à quoi cela ressemblera. Cela n'aura pas l'air *bien* … Il vaudrait mieux faire face aux faits. Vous *ne pouvez pas* faire de réel mal à M. Waddington. , à moins de forcer sa femme à se séparer."

Il y avait une lueur noire dans les yeux de Mme Levitt. « Précisément. Et en supposant – puisque nous le *supposons* – que j'aie parlé à Mme Waddington de son comportement ? »

"Trop tard. M. Waddington le lui a dit lui-même."

"Sa propre version."

"Certainement, sa propre version."

"Et si je donnais le mien ?"

"Faites. Quoi que vous disiez, ce sera votre parole contre la nôtre et elle ne vous croira pas. Si elle le faisait, elle penserait que tout était de votre faute… Et rappelez-vous, j'ai les preuves de vos tentatives de chantage.

"Je ne pense pas", dit Barbara en se dirigeant vers la porte et en l'ouvrant, "il y ait autre chose à dire."

Mme Levitt est sortie avec son dandinement agité. Barbara la suivit amicalement jusqu'à la porte d'entrée. C'est là qu'Elise a fait son dernier combat.

" *Bon* après-midi, Miss Madden. Je félicite M. Waddington pour ce partenariat."

Barbara se précipita au secours des assiégés dans sa redoute de bureau.

"C'est fini!" lui cria-t-elle joyeusement.

M. Waddington n'a pas répondu d'un seul coup. Il était toujours assis sur sa chaise Windsor, inquiet, absorbé dans sa méditation. Il avait sorti un petit billet de sa poche intérieure et, en le regardant, il sourit.

Cela commença ainsi, et sa date était le samedi suivant ce terrible mercredi :

" MON CHER M. WADDINGTON :

"Après la manière dont vous m'avez soutenu et aidé dans le passé, je ne peux pas croire que tout soit fini et que je puisse venir vers vous, mon généreux ami, et être repoussé—"

Il a regardé en haut. "Comment s'est-elle comportée, Barbara ?" "Oh... elle avait envie de mordre... de mordre très fort ; mais je lui ai arraché toutes les dents, très doucement, une à une." Dents. Les dents d'Elise, dessinées par Barbara.

Il déchira le billet en petits morceaux et, en les regardant flotter dans la corbeille à papier, il soupira. Il se leva lourdement.

"Allons tout raconter à Fanny", dit Barbara.

XIII

1

"J'espère que tu réalises, Horatio, que c'est Barbara qui t'a sorti de ce pétrin ?"

"Barbara a fait preuve de beaucoup d'intelligence; mais vous devez me reconnaître pour mon tact et ma discrétion", a déclaré M. Waddington en quittant le salon.

« *Était* -il plein de tact et discret ?

"Ses premières lettres", dit Barbara, "étaient des chefs-d'œuvre de tact et de discrétion. Avant qu'il ne voie le danger. Après, je pense que son courage a peut-être un peu perdu. Qui ne le ferait pas?"

"C'était *malin* de ta part, Barbara. Tout de même, ça a dû être assez horrible de s'en prendre à elle comme ça."

"Oui."

Maintenant que tout était fini, Barbara voyait que ça avait été horrible ; un peu comme un combat de chiens. Elle avait tourné en rond, se roulant avec Mme Levitt dans la boue ; tellement de boue que, pour des raisons de pure propreté, il semblait peu importe lequel d'entre eux était le meilleur à l'arrivée. Tout ce qu'elle pouvait voir, c'est que cela devait être fait et qu'il n'y avait personne d'autre pour le faire.

"Tu vois, reprit Fanny, elle avait une sorte de cas. Il lui *faisait* l'amour et elle n'aimait pas ça. Ça ne semble pas très juste de se retourner contre elle après ça."

"C'est elle qui a fait tous les tours. Je n'aurais rien dit si elle n'avait pas essayé de mettre la vis. Il fallait que quelqu'un l'arrête."

"Oui," dit Fanny. "Oui. Pourtant, j'aurais aimé que nous puissions la laisser partir en paix."

" Elle n'avait pas la paix pour entrer ; et elle n'y serait pas allée. Elle serait là maintenant, avec son pauvre pouce dans sa vis. Après tout, Fanny, j'ai seulement fait remarquer à quel point ce serait bestial. sois pour elle si elle n'y allait pas. Et je n'ai fait ça que parce qu'il était ton mari, et c'était ton pouce, en fait.

"Oui, chérie, oui; je sais pourquoi tu as fait ça. ... Oh, j'aurais aimé qu'elle ne soit pas si horriblement mal lotie."

"Moi aussi, alors cela ne serait pas arrivé. Mais comment peux-tu être un tel ange pour elle, Fanny ?"

"Je ne le suis pas. Je suis seulement décent. Je déteste utiliser notre position pour lui briser le dos. Lui dire que nous sommes les Waddingtons de Wyck et qu'elle n'est que Mme Levitt."

"C'était l'arme la plus pratique. Et vous ne l'avez pas utilisée. *Je ne suis* pas un Waddington de Wyck. En plus, c'est vrai ; elle ne peut pas le faire chanter dans son propre comté. Vous ne semblez pas réaliser à quel point elle est horrible. C'était, et combien c'était dangereux.

"Non", dit Fanny, "je ne me rends pas compte de l'horreur des gens. Quant au danger, je ne veux pas dénigrer votre performance, Barbara, mais elle me semble avoir été une proie facile."

"Vous me *dénigrez*", a déclaré Barbara.

"Je ne le suis pas. Je n'aime seulement pas penser que tu apprécies cette vilaine bagarre."

"Je ne l'ai apprécié que sur ton compte."

"Et je ne devrais pas vous en vouloir de votre plaisir lorsque nous en récolterons les bénéfices. Je ne sais pas ce qu'Horatio aurait fait sans vous. Je frémis en pensant au gâchis qu'il en aurait fait lui-même."

"Il faisait un véritable gâchis", a déclaré Barbara, "quand je l'ai accepté."

"Eh bien," dit Fanny, "j'ose dire que je suis une oie. Peut-être devrais-je être reconnaissant envers Mme Levitt. S'il était à la recherche d'aventures, c'est tout aussi bien qu'il en ait trouvé une qui le gardera. pour l'avenir. Elle *aurait* été bien plus meurtrière si elle avait été une femme gentille .

"C'est seulement à ce moment-là qu'il n'aurait pas pu le faire", a déclaré Barbara.

"Oh, n'est-ce pas ! On ne peut jamais dire ce qu'un homme fera une fois qu'il a commencé", dit Fanny.

2

Pendant ce temps, Mme Levitt restait, n'ayant pas loué sa maison pour l'hiver. Elle semblait suivre les conseils de Barbara et s'abstenir de toute activité malveillante ; car aucun bruit de l'affaire Waddington n'avait encore pénétré dans les goûters et les petits dîners de Wyck-on-the-Hill. Ponctuellement, tous les vendredis soir, M. Thurston des Elms, et soit M. Hawtrey, soit le jeune Hawtrey de Medlicott, se présentaient à la Maison Blanche pour leur pont. Si Mme Dick Benham avait choisi d'écrire des lettres venimeuses au sujet d'Elise Levitt à la vieille Mme Markham, ce n'était pas une raison pour qu'ils abandonnent une femme agréable dont l'hospitalité avait fait de Wyck-on-the-Hill un endroit où vivre, si longtemps. comme elle s'est comportée décemment *dans* cet endroit. Ils restèrent éveillés jusqu'à minuit passé, maintenant que Mme Levitt avait eu l'heureuse idée de servir un délicieux dîner à onze heures. (Elle avait payé ses dettes d'honneur avec les cinq livres de M. Waddington ; les cinquante, elle les réservait, en imagination, pour le coût des poulets, des bagatelles et du Sauterne.) Chez M. Thurston et les Hawtrey, l'habit de pont et le souper Cette habitude, et ce que Billy Hawtrey appelait l'habitude de Levitty, était si forte qu'elle l'emportait sur leur sentiment de loyauté envers le major Markham. L'impression créée par Mme Dick Benham ne faisait qu'accroître leur plaisir à faire chaque vendredi ce que Mme Thurston et Mme Hawtrey persistaient à considérer comme une chose risquée. "Il n'y a eu aucun mal chez Elise Levitt", ont-ils déclaré.

Ainsi, tous les vendredis, après minuit, des propriétaires respectables, dormant des deux côtés de la Maison Blanche, étaient réveillés par la brusque ouverture de sa porte, par des « bonnes nuits » stridents lancés depuis le seuil et répondus par des voix de basse dans la rue, par la fermeture de la porte et le cri du verrou lorsqu'il glissait.

Et le recteur allait partout en disant, avec sa manière cordiale, qu'il aimait Mme Levitt, qu'elle avait de bonnes relations et qu'il n'y avait aucun mal en elle. Tant qu'un paroissien allait fréquemment à l'église, était un abonné régulier au club de charbon et de couvertures et était une source fiable de soupes et de puddings pour les pauvres, il était difficile de le persuader qu'il y avait du mal à ces choses. Fanny Waddington a dit de lui que si Belzébuth s'abonnait à son club de charbon et de couvertures, il lui demanderait de prendre le thé. Il avait un visage raide pour les gens peu charitables ; Elise fut reçue presque ostensiblement au presbytère pour protester contre les scandales ; et il prenait soin de s'arrêter pour lui parler lorsqu'il la rencontrait dans la rue.

Cela aurait pu signifier la réhabilitation complète d'Élise, mais la gentillesse du recteur était trop indiscriminée, trop superficielle, trop chrétienne, comme le disait Fanny, pour offrir une protection sociale solide ; et, finalement, l'approbation du presbytère fut désastreuse pour Elise, la laissant entrer, comme elle s'en plaignit amèrement par la suite, pour Miss Gregg. Pendant ce temps, cela l'a aidée auprès de personnes comme Mme Bostock, Mme Cleaver et Mme Jackson, qui voulaient être charitables et se tenir aux côtés du recteur.

Puis, au mois de décembre qui suivit l'affaire Waddington, Wyck fut étonné par l'amitié qui naquit soudain entre Mme Levitt et Miss Gregg, la gouvernante du presbytère.

Il y avait une raison à cela – il y a toujours une raison à ces choses – et Mme Bostock l'a nommée lorsqu'elle a nommé le jeune Billy Hawtrey. L'amitié avec Mme Levitt a fourni à Miss Gregg des facilités illimitées pour rencontrer

Billy, qui courait toujours de Medlicott à la Maison Blanche. La passion de Miss Gregg pour le jeune Billy ne tenait qu'à un fil si ténu, si nerveux et si fragile qu'elle nécessitait le soutien continu d'une conversation avec un ami expérimenté et sympathique. Miss Gregg n'avait jamais connu quelqu'un d'aussi sympathique et d'aussi expérimenté que Mme Levitt. La première fois qu'ils étaient seuls ensemble, elle avait vu au visage d'Elise qu'elle avait un secret comme le sien (Miss Gregg voulait dire le major Markham) et qu'elle comprendrait. Et une stricte confidentialité en entraînait une autre, avant très longtemps, Miss Gregg avait saisi cette partie du secret d'Elise qui concernait M. Waddington.

C'est grâce aux activités ultérieures de Miss Gregg que l'on apprit pour la première fois à Wyck que Mme Levitt avait qualifié M. Waddington de « cet horrible vieil homme ». Cela aurait pu être très préjudiciable à M. Waddington, mais Annie Trinder, au Manoir, avait dit à sa tante, Mme Trinder, que M. Waddington parlait de Mme Levitt comme de « cette horrible femme » et avait donné l'ordre qu'elle elle ne devait pas être admise si elle appelait. On a alors estimé qu'il risquait d'y avoir plus d'un côté à la question.

Puis, petit à petit, grâce aux indiscrétions répétées de Miss Gregg, toute l'affaire de Mme Levitt et de M. Waddington a éclaté. Il voyageait directement de Miss Gregg à la jeune Miss Hawtrey de Medlicott, et atteignait finalement Sir John Corbett par l'intermédiaire du vieux Hawtrey, qui le tenait de sa femme, qui n'en croyait pas un mot.

Sir John n'en croyait pas un mot non plus. En tout cas, c'est ce qu'il dit à Lady Corbett. Pour lui-même, il se demandait s'il n'y avait pas « quelque chose dedans ». Il donnerait beaucoup pour le savoir, et il était décidé que la prochaine fois qu'il verrait Waddington, il lui en sortirait.

Il l'a vu dès le lendemain.

Depuis ce terrible mercredi, un esprit inquiet avait empêché M. Waddington de rendre visite à ses voisins. Il voulait savoir, à partir de leur comportement et de leurs visages, s'ils savaient quelque chose et dans quelle mesure ils le savaient. Il vivait dans la peur perpétuelle de ce que cette horrible femme pourrait dire ou faire. Le souvenir de ce qu'il *avait* dit et fait ce mercredi ne troublait plus son entière satisfaction envers lui-même. Il ne pouvait pas considérer Elise comme horrible sans en même temps se considérer comme l'esprit pur et chevaleresque qui lui avait résisté. Automatiquement, il se considérait comme pur et chevaleresque. Et dans les moments rares mais bestiaux où il se souvenait de ce qu'il avait fait et dit à Élise et de ce qu'Élise avait fait et lui avait dit, où il sentait à nouveau sa main le repousser et entendait sa voix crier : « Espèce de vieil imbécile ! " automatiquement, il la trouvait froide. Certaines femmes étaient comme ça : froides. Manque de sensation naturelle. Seule une froideur anormale aurait pu la faire repousser ainsi. Elle lui avait dit en face, à sa manière indécente, que l'amour était *la* chose la plus ridicule. Il ne parvenait pas du tout à comprendre comment une chose qui plaisait tant aux autres femmes pouvait être ridicule aux yeux d'Élise ; mais c'était là.

Absolument anormal, ça. Sa vanité trouvait une immense consolation en considérant Élise comme anormale.

Son esprit passait sans secousse ni secousse d'une considération à son contraire. Elise était froide et il était normalement et noblement passionné. Elise était horrible et il était d'une pureté chevaleresque. Quelle que soit la manière dont il l'avait fait, il était consolé.

Mais on ne pouvait pas dire sous quel horrible jour la chose pourrait se présenter aux autres.

C'est ce doute qui l'a poussé à se rendre à Underwoods un après-midi du début
janvier, apparemment pour présenter ses vœux pour la nouvelle année.

Après le thé, Sir John l'attira dans sa bibliothèque pour fumer une cigarette. Le sourire particulier et le scintillement qui jouaient sur son gros visage auraient dû avertir M. Waddington de ce qui était imminent.

Ils soufflèrent dans un silence amical pendant environ deux minutes avant qu'il ne commence.

« Avez-vous déjà vu quelque chose de Mme Levitt maintenant ?

M. Waddington haussa les sourcils comme surpris de cette impertinence. Il semblait se demander s'il daignerait répondre ou non.

"Non," dit-il à présent, "je ne le fais pas."

« J'ai suivi mon conseil et je l'ai laissé tomber, n'est-ce pas ?

"Je devrais plutôt dire qu'il est tombé tout seul."

"Je suis heureux d'entendre cela, Waddington ; je suis très heureux de l'entendre. J'ai toujours dit, tu sais, tu serais atterri si tu ne faisais pas attention."

"Mon cher Corbett, j'ai fait attention. Vous n'imaginez pas qu'on me laisserait entrer plus que je ne pourrais aider."

"Sage après l'événement, quoi ?"

M. Waddington pensa : « Il essaie de me pomper. » Il était déterminé à ne pas se laisser emporter. Corbett ne devrait rien en tirer.

"Après quel événement ? Fanny a appelé plusieurs fois, mais elle ne se soucie pas de continuer. Moi non plus, à vrai dire, est-ce que moi… Pourquoi ?"

Sir John lui lançait un clin d'œil exaspérant.

— Pourquoi ? Parce que, mon cher, cette femme va partout en disant qu'elle *vous a* abandonné.

"Je m'en fiche", a déclaré M. Waddington, "ce qu'elle dit. Cela n'a aucune importance pour moi."

"Vous ne vous en souciez peut-être pas, mais vos amis si, Waddington."

"C'est très gentil de leur part. Mais ils peuvent s'épargner des ennuis."

Il pensa : « Il ne tirera rien de moi. »

"Oh, allez, tu ne penses pas que nous en croyions un mot."

Ils se regardèrent. Sir John pensa : « Je vais le lui arracher. » Et M. Waddington pensa : « Je vais le lui arracher. »

"Autant me dire de quoi tu parles", dit-il.

"Mon cher gars, c'est de cela dont parle Mme Levitt. C'est là le point."

"Mme Levitt !"

"Oui. C'est une femme dangereuse, Waddington. Je t'ai dit que tu faisais une chose risquée en la fréquentant comme ça… Et voilà Hawtrey qui fait la même chose, exactement la même chose… Mais c'est un homme d'âge moyen, donc Je suppose qu'il pense qu'il est en sécurité… Mais s'il avait dix ans de moins… Arrêtez tout, Waddington, si j'étais un homme plus jeune, je ne devrais pas me sentir en sécurité, vraiment, je ne peux pas imaginer ce qu'il y a. à propos d'elle. Il y a quelque chose.

"Oui", a déclaré M. Waddington, "il y a quelque chose."

Quelque chose. Il n'allait pas laisser Corbett le penser d'un âge si moyen qu'il était insensible à son charme.

"Qu'est-ce que c'est?" » dit Sir John. "Elle n'est pas belle, et pourtant elle fait courir tous les jeunes gens après elle. Il y avait Markham, et Thurston, et il y a le jeune Hawtrey. Ce ne sont que les vieux gars sobres comme moi qui ne sont pas débarqués…. Sur ma parole, Waddington , je ne devrais pas te blâmer si tu *avais* perdu la tête.

M. Waddington s'est senti ébranlé dans sa détermination à ne pas laisser Corbett s'en prendre à lui. Il était également clair que, s'il admettait avoir perdu la tête l'espace d'un instant, Corbett n'en penserait pas pire. Il serait alors classé avec Markham et le jeune Billy, alors que s'il le niait, il ne se classerait qu'avec de vieux fossiles comme Corbett. Et il ne pouvait pas le supporter. Il était possible de se faire une injustice inutile.

Sir John le regardait tourner autour du piège qu'il lui avait tendu.

"Absolument entre nous", a-t-il déclaré. " *As* -tu?"

Sous la moustache gris fer de M. Waddington, on voyait le sourire rabelaisien répondre à l'éclat rabelaisien. De toute sa vie, il ne pouvait pas y résister.

"Eh bien... entre nous, Corbett, absolument... pour être tout à fait honnête, je l'ai fait. Il y a *quelque* chose en elle... Juste pour une seconde, vous savez. Cela n'a abouti à rien."

"N'est-ce pas ? Elle dit que tu lui as fait l'amour violemment."

"Je ne jurerai pas ce que je n'aurais pas fait si je ne m'étais pas relevé à temps."

À ce stade, il lui vint à l'esprit que si Elise avait trahi le secret de ses ébats amoureux, elle aurait également raconté sa propre histoire de son échec. Il fallait en tenir compte.

« Je peux vous dire une chose étrange à propos de cette femme, Corbett. Elle a froid… froid.

"Oh, viens, Waddington—"

"Tu ne le penserais pas—"

"Je ne le fais pas", dit Sir John avec un rire bruyant.

"Mais je vous assure, mon cher Corbett, qu'elle est tout simplement en bois. En parlant de faire l'amour, vous pourriez aussi bien faire l'amour avec... avec une chaise ou un meuble. Je peux vous dire que Markham a eu de la chance."

"Je ne pense pas que ce soit ce qui l'a rebuté", a déclaré Sir John. "Il savait quelque chose."

« Que pensez-vous qu'il savait ?

" Quelque chose que les Benham leur ont raconté, j'imagine. Ils avaient une histoire   bizarre.
Je pense plutôt qu'elle a couru après Dicky, et Mme Benham n'a pas aimé ça.
"

"Je ne sais pas ce qu'elle voulait de lui. Elle n'aurait pas pu être amoureuse de lui, je dirai ça pour elle."

"Eh bien, elle semble avoir préféré leur bungalow au sien. De toute façon, ils n'ont pas pu l'en sortir."

"Je ne crois pas à cette histoire. Nous devons être justes envers cette femme, Corbett."

Il pensait qu'il l'avait vraiment très bien fait. Non seulement il avait honorablement expliqué son échec, mais il avait blanchi Élise. Et il s'était libéré de l'horrible imputation d'âge mûr. Répulsif ou pas, il était fier de son élan de passion juvénile.

Et en une minute plus tard, il s'était persuadé que sa principale motivation était le désir d'être juste envers Elise.

"H'm ! Je ne sais pas comment être juste", a déclaré Sir John. "Quoi qu'il en soit, je vous félicite pour votre heureuse évasion."

M. Waddington se lève pour partir. "Bien sûr, à propos de ce que je t'ai dit, tu ne laisseras pas ça aller plus loin ?"

Sir John éclata de rire. "Bien sûr que non. Je voulais juste savoir jusqu'où *tu* es allé. Tu aurais pu aller plus loin et avoir eu un sort pire, quoi ?"

Il se leva aussi en riant. "Si quelqu'un essaie de me pomper, je dirai que vous vous êtes très bien comporté. C'est ce que vous avez fait, mon cher, c'est ce que vous avez fait. Compte tenu de la provocation."

Il pouvait se permettre de rire. Il l'avait obtenu du pauvre vieux Waddington, comme il l'avait promis. Mais pour l'honneur éternel de Sir John Corbett, cela ne va pas plus loin. Quand les gens essayaient de lui faire comprendre, il disait simplement qu'il n'y avait rien dedans et que, à sa connaissance, Waddington s'était très bien comporté. Comme Barbara l'avait prophétisé, personne ne croyait qu'il s'était comporté autrement. Ce n'était pas pour rien qu'il était M. Waddington de Wyck.

Et à la suite des révélations qu'elle avait faites à son amie Miss Gregg, très tôt dans la nouvelle année, Elise trouva d'autres portes fermées que celles des Markham et des Waddington. Et derrière les portes de chaque côté de la Maison Blanche, des gens respectables pouvaient dormir dans leur lit le vendredi soir sans craindre d'être réveillés par l'ouverture et la fermeture de la porte de Mme Levitt et par le cri strident « Bonne nuit » lancé depuis le seuil et » répondit la rue. Les joyeuses fêtes de bridge et les petits dîners n'étaient plus.

Même la gentillesse du recteur est devenue de plus en plus chrétienne et superficielle, jusqu'à ce que lui aussi cesse de s'arrêter pour parler à Mme Levitt lorsqu'il la rencontrait dans la rue.

3

Les aveux de M. Waddington à Sir John étaient à peu près la seule déclaration relative à l'affaire Waddington qui n'allait pas plus loin. Ainsi, un rapport très curieux et intéressant parvint à Ralph Bevan par l'intermédiaire du colonel Grainger, lorsqu'il entendit pour la première fois le rôle que Barbara y avait joué.

Dans l'histoire qu'Elise avait racontée en toute confidentialité à Miss Gregg, M. Waddington avait eu une peur mortelle d'elle et avait lâchement reculé derrière les gros canons de Barbara. Non pas qu'Elise ou Miss Gregg auraient admis un seul instant que leurs armes étaient grosses ; Le colonel Grainger avait simplement déduit de la démoralisation de l'ennemi le caractère mortel de son tir.

"Votre petite dame, Bevan", dit-il, "semble s'être mieux comportée lors de cette rencontre."

"Nous n'avons plus à nous soucier du pacte, Barbara, maintenant je le sais", dit Ralph pendant qu'ils marchaient ensemble. La neige était tombée. Les Cotswolds étaient tous blancs, ornés du filigrane brun violacé des arbres. Leurs pieds crissaient à travers les cristaux poilus de la neige.

"Non. C'est une bonne chose qu'elle a faite."

"C'était très drôle, ton morceau ?"

"Ça avait l'air plus drôle sur le moment qu'après. C'était vraiment plutôt bestial. Fanny n'aimait pas ça."

"On ne pouvait pas s'attendre à ce qu'elle le fasse. Il y a une limite au sens de l'humour de Fanny."

"Il y a une limite à la mienne. Fanny avait raison. J'ai dû la combattre avec les armes les plus sales. J'ai dû lui dire qu'elle ne pouvait rien faire parce qu'il était Waddington de Wyck, et qu'elle affrontait tous ses ancêtres. J'avais pour entraîner ses ancêtres."

"C'était mauvais."

"Je sais que c'était le cas. C'est ce que Fanny détestait. Et ce n'est pas étonnant. Elle m'a fait me sentir un petit snob si misérable, Ralph."

"Fanny l'a fait ?"

"Oui. *Elle* n'aurait pas pu le faire. Elle l'aurait laissée faire de son mieux."

" C'est parce que Fanny est une petite aristocrate incurable. Elle a plus de Waddington of Wyckedness dans son petit doigt qu'Horatio n'en a dans tout son ego ; et elle méprise Mme Levitt. Elle n'aurait pas daigné se séparer d'elle. "

"Le plus horrible, c'est que c'est vrai. Il peut faire ce qu'il veut et rien ne lui arrive. Il peut chasser les Ballinger de leur maison et rien ne se passe. Il peut faire l'amour avec une femme qui ne veut pas qu'on lui fasse l'amour. et rien ne se passe parce qu'il est Waddington de Wyck.

"C'est Waddington de Wyck, mais ce n'est pas vraiment une si mauvaise chose. Les gens se moquent de lui, mais ils l'aiment parce qu'il est si drôle. Et ils ont pris la mesure de Mme Levitt assez précisément."

"Alors tu ne penses pas que j'étais une trop grosse bête pour elle ?"

Ralph rit.

"Quelqu'un devait le sauver, Ralph. Après tout, c'est le mari de Fanny."

"Oui, après tout, c'est le mari de Fanny."

"Alors tu ne… n'est-ce pas ?"

« Bien sûr que non… Qu'est-ce qu'il fait maintenant ?

"Oh, je suis juste en train de bricoler son livre. Il est presque terminé."

"Tu as continué comme ça ?"

" Plutôt. Il n'y a pas une phrase qu'il n'aurait pas écrite lui-même. Je pense que je vais le laisser revenir à Lower Wyck sur la dernière page et terminer là. Dans son Manoir. J'ai pensé à mettre quelque chose à propos de des salles ornées de houx et des bûches de Noël sur le foyer de Noël. Il a été photographié l'autre jour dans la neige.

"Magnifique."

"Je me demande s'il va vraiment s'installer maintenant. Ou s'il recommencera un jour avec quelqu'un d'autre."

"Vous ne pouvez pas le dire. Vous ne pouvez pas le dire. Il peut tout faire."

"C'est ce que nous ressentons à son sujet", a déclaré Barbara.

"Des possibilités infinies. Pourtant, on pourrait penser qu'il ne pourrait pas faire   mieux   que Mme Levitt."

Pendant le demi-mile suivant, ils se disputèrent si, dans la scène avec Mme Levitt, il était vraiment drôle ou non. Ralph était enclin à penser qu'il aurait pu être purement dégoûtant.

"Tu ne l'as pas *vu* , Ralph. Tu n'as pas le droit de dire qu'il n'était pas drôle."

"Non. Non. Je ne l'ai pas vu. Tu n'as pas besoin de le dire, Barbara."

"Nous devons attendre et voir ce qu'il fera ensuite. Ce sera peut-être votre tour d'un jour à l'autre."

"Nous ne pouvons pas nous attendre à ce qu'il fasse grand-chose pendant un petit moment. Il doit être un peu épuisé par cette dernière cascade."

"Oui. Et le plus drôle, c'est qu'il a des moments où on ne se moque pas de lui. Des moments de calme, de belle paix.... Tu le surprends en train de marcher dans son jardin à la recherche de perce-neige dans la neige. Ou il est assis dans sa bibliothèque, en lisant « L'Histoire de la Grande Guerre » de Buchan. Heureux. Ne pas penser du tout à lui-même. Alors tu regrettes de t'être moqué de lui.

"Je ne le suis pas", a déclaré Ralph. "Il nous le doit. Il ne fait rien d'autre pour justifier son existence."

"Oui. Mais il existe. Il existe. Et d'une manière ou d'une autre, c'est assez mystérieux quand on y pense. On se demande si on ne l'a peut-être pas vu de travers. Qu'il ne soit pas tout le temps juste, une simple vieille chose. Quand vous ressentez ce sentiment – de son côté mystérieux, Ralph –, d'une manière ou d'une autre, vous avez fini. »

"Je ne l'ai pas encore eu."

"Oh, il est là. Tu l'auras un jour."

"Tu vois, Barbara, j'avais raison ? Nous ne pouvons pas l'éloigner."

XIV

1

C'était dimanche, la dernière semaine des vacances d'Horry. Tout au long du dîner, il avait parlé de faire du vélo jusqu'à Cirencester, si le gel persistait, pour patiner sur le canal.

Le gel a tenu et le matin, il a attaché un coussin au support de son vélo et a appelé Barbara dans les escaliers.

"Viens, Barbara, allons à Cirencester."

Barbara apparut, prête, portant ses patins. M. Waddington l'avait laissée quitter les Ramblings, et pourtant, tout d'un coup, elle avait l'air déprimée.

"Oh, Horry," dit-elle, "j'y allais avec Ralph."

"Ce n'est *pas le cas* ", dit Horry. "Tu viens toujours avec Ralph. Tu viens très bien avec moi cette fois."

"Mais je lui ai promis."

"Tu n'as pas à lui promettre, alors que c'est la dernière semaine de mes vacances. Ce n'est pas juste."

Fanny sortit dans le hall.

"Horry," dit-elle, "ne t'inquiète pas Barbara. Tu ne vois pas qu'elle veut aller avec Ralph ?"

"C'est exactement ce dont je me plains", dit-il.

Elle secoua la tête. "Tu es à nouveau ton père", dit-elle.

"Je jurerais que non", dit Horry.

"Si tu étais à moitié aussi poli que ton père, ce ne serait pas une mauvaise chose."

Il y eut un bruit d'explosions dans l'allée. "Voilà Ralph qui est venu régler ça lui-même", dit Fanny. Et à ce moment-là, M. Waddington est apparu sur eux, soudainement, depuis le vestiaire.

"Qu'est-ce que c'est que tout ça ?" il a dit. Il regarda avec dégoût les patins qui pendaient à la main de Barbara. Il sortit sous le porche et regarda avec dégoût Ralph et les motos. Il pensait avec amertume au canal de Cirencester. Il ne savait pas patiner. Même lorsqu'il avait l'âge d'Horry, il n'avait pas patiné. Il ne pouvait pas conduire une moto. Quand il regardait ces créatures bestiales et pensait à leurs machines compliquées et à leur fascination maléfique pour Barbara, il les détestait. Il détestait Horry et Ralph se tenant debout devant Barbara, belle, vibrante de jeunesse, de santé et d'énergie.

"Je ne laisserai pas Barbara monter sur cette chose. Ce n'est pas sécuritaire. S'il dérape sur la neige, il lui brisera le cou."

"Beaucoup plus susceptible de se briser le cou", a déclaré Horry.

Dans son intérieur sauvage, M. Waddington aurait souhaité qu'il le fasse, et Horry aussi.

"Il ne dérapera pas", a déclaré Barbara ; "s'il le fait, je descendrai."

« Nous reviendrons, dit Ralph, si nous ne nous entendons pas bien.

Ils démarrèrent dans un duo d'explosions, les motos sifflant et craquant dans la neige légère. Barbara, se balançant sur le porte-bébé de Ralph, fit un signe léger de la main à M. Waddington. Il détestait Barbara ; mais bien plus que Barbara, il détestait Horry, et bien plus que Horry, il détestait Ralph.

"Il n'avait aucune raison de l'emmener", a-t-il déclaré. "Elle n'avait aucune raison d'y aller."

"Vous ne pouvez pas les arrêter, ma chère", dit Fanny ; "ils sont trop jeunes."

"Eh bien, s'ils reviennent avec le cou brisé, ils n'auront qu'à se remercier eux-mêmes."

Il prenait un plaisir féroce à penser à Horry, Ralph et Barbara, le cou brisé.

Fanny le regardait. "Je me demande ce qui l'a rendu si en colère", pensa-t-elle. "On dirait qu'il a eu un rhume au foie."…. "Horatio, as-tu un rhume au foie ?"

"Maintenant, qu'est-ce qui t'a mis ça dans la tête ?"

"Ton visage. Tu as juste l'air un peu décoloré, chérie."

À ce moment-là, M. Waddington a commencé à éternuer.

" Là, je savais que tu avais pris froid. Tu ne devrais pas rester debout dans les courants d'air. "

"Je n'ai pas attrapé froid", a déclaré M. Waddington.

Mais il s'enferma dans sa bibliothèque et y resta, blotti dans son fauteuil. De temps en temps, il se penchait en avant et se penchait au-dessus du foyer, tenant sa poitrine et son ventre le plus près possible du feu. Des frissons comme de minces glaçons continuaient de glisser le long de sa colonne vertébrale.

A l'heure du déjeuner, il se plaignait de ne rien pouvoir manger et, avant la fin du repas, il retournait à sa bibliothèque et à son feu. Fanny était assise avec lui.

"J'aimerais que tu ne restes pas dehors dans le froid", dit-elle. Elle savait que samedi, il était resté plus de dix minutes dans la neige tombée du parc pour se faire photographier. Et il ne porterait pas son pardessus parce qu'il pensait qu'il paraissait plus jeune sans lui et plus mince.

"Pas étonnant que tu aies froid", dit-elle.

"Je ne l'ai pas eu à ce moment-là. Je l'ai eu hier dans le jardin."

Elle se souvint. Il errait dans le jardin, après l'église, à la recherche de perce-neige dans la neige. Barbara avait porté les perce-neige sur la poitrine de sa robe la nuit dernière.

Il nourrissait son ressentiment sur ce souvenir et sur l'idée qu'il avait trouvé son bonheur en cueillant des perce-neige pour Barbara.

A l'heure du thé, il buvait un peu de thé, mais il ne pouvait rien manger. Il se sentait malade et avait mal à la tête. A l'heure du dîner, sur les conseils de Fanny, il se coucha et Fanny prit sa température.

Cent un. Il tourna le thermomètre dans sa main, regardant sérieusement le mince fil d'argent. Il fut heureux de savoir que sa température était de cent un et que Fanny avait peur et avait fait venir le médecin. Il éprouvait un sentiment étrange, satisfait et exalté, maintenant qu'il était prêt à le faire. Quand Barbara reviendrait, elle saurait ce qui l'attendait et aurait peur aussi. Il aurait été encore plus satisfait s'il avait su que sans lui le dîner était une misérable affaire. Fanny a montré qu'elle avait peur, et sa peur a apaisé la bonne humeur de Ralph, Barbara et Horry, de retour de leur patinage.

"Vous voyez, Barbara," dit Ralph, quand ils eurent laissé Fanny et Horry avec le médecin, "nous ne pouvons pas vivre sans lui."

Ils écoutèrent à la porte du fumoir le bruit du départ du Dr Ransome, et Ralph attendit pendant que Barbara revenait et lui apportait le verdict.

"C'est une grippe, et un peu de congestion pulmonaire."

Ils se regardèrent avec tristesse, si tristement qu'ils sourirent.

"Pourtant, nous pouvons sourire", a-t-il déclaré.

"Vous savez", a déclaré Barbara, "il l'a fait debout dans la neige pendant que Pyecraft le photographiait."

"C'est comme ça", dit Ralph, "il l'obtiendrait."

Et Barbara a ri. Mais elle éprouvait tout de même un pincement au cœur chaque fois qu'elle entrait dans sa chambre et voyait, dans son verre sur sa coiffeuse , le bouquet de perce-neige que M. Waddington avait cueilli pour elle dans la neige. Ils ont tracé un schéma dans son esprit ; cônes blancs pendants; lames vertes tranchantes perçantes; tiges vertes retenues dans le cristal de l'eau.

2

"Personne, à part un imbécile", a déclaré Horry, "ne se serait fait remarquer dans la neige pour être photographié… à son âge."

"Ne le fais pas, Horry."

Barbara était dans la salle du matin, en train de remuer des trucs noirs et collants dans une casserole au-dessus du feu. Le truc noir et collant devait être appliqué sur la poitrine de M. Waddington. Horry la regardait, debout à côté d'elle dans une attitude d'impatience. Une paire de bottes avec des patins attachés pendait à ses épaules par leurs lacets. Il estimait que son irritation était justifiée, car Barbara avait refusé de sortir patiner avec lui.

"Pourquoi 'ne fais pas' ? " » dit Horry. "C'est évident."

"Très. Mais il est malade."

"Il ne peut pas y avoir grand problème avec lui, sinon le maître n'aurait pas l'air si joyeux."

"Elle aime le soigner."

"Eh bien," dit Horry, " *tu* ne peux pas le soigner."

"Non, mais je peux remuer ce genre de choses", a déclaré Barbara.

"Je suppose," dit Horry, "tu me prendrais pour une horrible brute si j'y allais ?"

"J'aimerais que tu *partes* . Tu es une brute bien plus horrible, qui parle là et dit des choses sur lui et qui me gêne."

"Très bien. Je vais m'en sortir. C'est très simple."

Et il est parti. Mais il se sentait malade et endolori. Il avait essayé de se persuader que son père n'était pas malade parce qu'il ne supportait pas de penser à quel point il était malade ; cela l'a empêché de prendre plaisir à patiner. "Si," se dit-il, "s'il avait seulement reporté jusqu'à ce que la glace cède. Mais c'était tout à fait dans son genre de choisir un gel dur."

Sa colère le soulagea de l'anxiété nauséabonde qu'il ressentait lorsqu'il pensait à son père et à la température de son père. Le niveau avait diminué, mais pas à la normale.

M. Waddington était allongé dans son lit dans la chambre de Fanny. Barbara, debout devant la porte ouverte avec sa casserole, l'aperçut.

Il était soutenu par ses oreillers. Sur ses épaules, par-dessus un de ces pyjamas rayés que Barbara avait jadis commandés aux Magasins, il portait, comme un châle, une écharpe en laine fauve de Fanny. Ses armes étaient posées devant lui sur la couverture dans un geste d'abandon complet à sa maladie. Fanny les rangeait toujours sous les couvertures, mais si quelqu'un entrait, il le ferait. Il était assis, attendant avec une patience adorable que quelque chose soit fait pour lui. Son visage avait l'air calme et heureux d'une attente complètement apaisée et résignée. C'était ce regard qui effrayait Barbara ; cela lui faisait penser que M. Waddington allait mourir. Et si sa congestion se transformait en pneumonie ? Il y avait tellement de gens malades, et ces grands hommes mouraient toujours quand ils attrapaient une pneumonie.

M. Waddington pouvait entendre la voix calme de Barbara dire quelque chose à Fanny ; il pouvait voir son visage malheureux et anxieux. Il appréciait l'anxiété de Barbara. Il appréciait la cause de sa maladie, sa maladie. Tant qu'il était en vie, il appréciait même l'idée que, si sa congestion se transformait en pneumonie, il risquait de mourir. Il y avait une dignité, un prestige dans le fait d'être mort qui l'attirait. Même sa température élevée, ses maux de tête, ses douleurs lancinantes et ses difficultés respiratoires ne pouvaient pas gâcher complètement son plaisir dans l'inquiétude délicieuse de tout le monde autour de lui et dans sa certitude exquise qu'à tout moment un gémissement amènerait Fanny à ses côtés. . C'était la seule personne qui comptait dans la maison. Il l'avait toujours su, mais il ne l'avait jamais ressenti avec la même intensité qu'aujourd'hui. L'esprit de chaque personne dans la maison était maintenant concentré sur lui comme il ne l'avait jamais été auparavant. Il les tenait tous dans une tension d'inquiétude et d'anxiété. Il s'excusait très gentiment des ennuis qu'il donnait à tout le monde, déclarant que cela le mettait très mal à l'aise ; mais même Fanny pouvait voir qu'il était satisfait.

Et à mesure que son état empirait – avant de devenir trop malade pour y penser – il avait le sentiment vague mais agréable que tout le monde à Wyck-on-the-Hill et dans le comté à des kilomètres à la ronde pensait à lui. Il savait que Corbett et Lady Corbett, Markham, Thurston et les Hawtrey, ainsi que le recteur, sa femme et le colonel Grainger, l'avaient appelé à plusieurs reprises pour s'enquérir de lui. Il était particulièrement satisfait de la vocation de Grainger. Il savait que Hitchin avait arrêté Horry dans la rue pour lui demander de ses nouvelles, et il en était particulièrement satisfait. La vieille Susan-Nanna était venue de Medlicott pour le voir. Et Ralph Bevan appelait tous les jours. Cela le gratifiait aussi.

La seule personne qui n'avait pas le droit de savoir quoi que ce soit sur sa maladie était sa mère, car M. Waddington était certain que cela la tuerait.

Chaque soir, à l'heure des médicaments, il posait les mêmes questions : « Ma mère ne sait pas encore ? Et : "Quelqu'un a appelé aujourd'hui ?" Et Fanny lui transmettait les messages, et il les recevait avec une douceur douce et solennelle. On n'aurait pas cru, se dit Barbara, que la complaisance puisse prendre une forme aussi déchirante.

Et derrière tout cela, un bonheur plus profond dans le bonheur, il y avait la pensée que Barbara pensait à lui, s'inquiétait pour lui et était probablement dix fois plus malheureuse à son sujet que Fanny. Après avoir travaillé si longtemps à ses côtés, sa séparation d'avec lui serait intolérable pour Barbara ; intolérable, très probablement, l'idée que c'était maintenant au tour de Fanny d'être à ses côtés. Chaque jour, elle lui apportait un bouquet de perce-neige, et chaque jour, tandis que la porte se refermait sur son petit visage anxieux, il regrettait que Barbara soit exclue de sa chambre. Pauvre petite Barbara. Parfois, quand il se sentait assez bien, il l'appelait : « Entrez, Barbara. Et elle entrait, le regardait, lui mettait des fleurs dans la main et disait qu'elle espérait qu'il allait mieux. Et il répondait : « Pas beaucoup mieux, Barbara. Je suis très malade.

Il a même permis à Ralph de venir le voir. Il tenait sa main dans un fermoir qu'il rendait volontairement aussi mou que possible et disait d'une voix artificiellement affaiblie : « Je suis très malade, Ralph.

Le Dr Ransome a répondu que non ; mais M. Waddington savait mieux. Il était vrai que de temps en temps il se ressaisissait suffisamment pour se coiffer avant que Barbara ne soit admise avec ses perce-neige, et qu'il pouvait donner des ordres à Partridge d'un ton fort et ferme ; mais il était trop malade pour faire autre chose que chuchoter d'une voix rauque à Barbara et Fanny.

Puis, quand il se sentit un peu mieux, l'infirmière qualifiée arriva et, avec l'excitation de son arrivée, la température de M. Waddington monta à nouveau, et le médecin avoua qu'il n'aimait pas cela.

Et Barbara trouva Fanny dans la bibliothèque, en train de pleurer. Elle était en train de ranger son bureau, de passer en revue tous ses papiers avec un pinceau à plumes, et elle était tombée sur le manuscrit des Ramblings inachevé.

"Chatte-"

"Barbara, je sais que je suis une idiote, mais je ne peux tout simplement pas le supporter. Tout était très bien tant que je pouvais le soigner, mais maintenant que cette femme est venue, je ne peux rien faire pour lui… J'ai— je Je n'ai jamais rien fait pour lui de toute ma vie. Il a toujours tout fait pour moi. Et je me suis toujours moqué de lui… Pensez, Barbara, pensez depuis dix-huit ans, je ne l'ai jamais pris au sérieux. Je l'ai épousé… Je crois qu'il va mourir Juste—juste pour me punir.

"Ce n'est pas le cas", s'est indignée Barbara, comme si elle-même ne l'avait jamais cru. "Le médecin dit qu'il n'est pas vraiment très malade. La congestion ne s'étend pas. Hier, c'était mieux."

" Ce sera pire ce soir, vous pouvez y compter. Le docteur n'aime pas que *sa* température monte et descende comme ça. "

"Ça va encore baisser", a déclaré Barbara.

"Tu ne sais pas ce que ça va faire", dit sombrement Fanny. "Avez-vous déjà vu un tel agneau, un tel *agneau* comme lui quand il est malade ?"

"Non", dit Barbara; "c'est un ange."

"C'est juste", dit Fanny, "ce qui me donne l'impression qu'il va mourir… J'aurais aimé être toi, Barbara."

"Moi?"

"Oui. Vous l'avez vraiment aidé. Il n'aurait jamais pu écrire son livre sans vous. Son pauvre livre."

Elle s'assit en le caressant. Et soudain un horrible souvenir l'envahit, et elle s'écria :

"Oh, mon Dieu ! Et j'en ai ri aussi !"

Barbara l'entoura de ses bras. "Tu ne l'as pas fait, chérie. Eh bien, si tu l'as fait, c'est un peu drôle, tu sais. J'ai bien peur d'avoir ri un peu."

"Oh, *toi* ... ça n'a pas d'importance. Tu as aidé à l'écrire."

Puis Barbara a éclaté. "Oh, non, Fanny, ne, *ne* parle pas de son pauvre livre. Je ne peux pas le *supporter*."

"Nous sommes tous les deux idiots", dit Fanny. « Imbéciles ».

Elle fit une pause, s'essuyant les yeux.

"Il a aimé les perce-neige que vous lui avez apportés", dit-elle.

Barbara pensa : « Et les perce-neige qu'il *m'a apportés* . » Il avait pris froid ce jour-là en les cueillant. Ils s'étaient fanés dans le verre de sa chambre.

Elle a quitté Fanny, pour ensuite tomber sur Horry dans son agonie. Horry se tenait à la fenêtre de la salle à manger, regardant dehors et renfrogné devant la neige.

"Au diable la neige !" il a dit. "Ça l'a tué."

« Ce n'est pas le cas, Horry, » dit-elle ; "il ira mieux."

"Il ne s'améliorera pas. Si ce gel bestial dure, il n'a aucune chance."

"Désolé chérie, le docteur dit qu'il va mieux."

"Ce n'est pas le cas. Il dit que sa température n'a aucune raison d'augmenter."

"Tous les mêmes-"

"Supposons qu'il le pense mieux. Supposons qu'il ne le sache pas. Supposons qu'il soit un idiot bêlant… J'imagine que le cher vieux pater sait à quel point il est joyeux mieux que quiconque ne peut lui dire… Et vous savez que vous vous inquiétez. à propos de lui-même. La mère aussi. Elle pleure.

"Elle est jalouse de l'infirmière. C'est ça qui lui arrive."

"Jaloux ? Tosh ! Cette infirmière est une idiote. Elle a fait monter sa température à la première heure."

« Désolé, mon vieux, tu dois te ressaisir. Tu ne dois pas lâcher ton sang-froid comme ça. »

"Nervosité ? Votre courage s'énerverait si vous étiez moi. Je vous le dis, Barbara, je m'en ficherais qu'il soit malade - je veux dire, je m'en ficherais si infernalement si j'avais été honnête avec lui. … Mais tu avais raison, j'étais un cad, un porc qui se moquait de lui.

« Moi aussi, Horry. Je me suis moqué de lui. Je donnerais n'importe quoi pour ne pas l'avoir.

"Tu n'avais pas d'importance..."

Il resta silencieux un moment. Puis il se retourna, plein vers elle. Son visage brûlait, ses yeux brillaient de larmes ; il releva la tête pour les empêcher de tomber.

"Barbara, s'il meurt, je me suiciderai."

Ce soir-là, la température de M. Waddington a encore augmenté d'un point. Ralph, appelant vers neuf heures, trouva Barbara seule dans la bibliothèque, blottie dans un coin du canapé, avec son mouchoir de poche à côté d'elle, roulé en boule serrée et humide. » commença-t-elle à son arrivée.

"Oh," dit-elle, "je pensais que tu étais le médecin."

"Tu le veux?"

"Oui. Fanny le sait. Elle a peur."

"Dois-je aller le chercher ?"

"Non. Non. Ils ont envoyé Kimber. Oh, Ralph, j'ai peur aussi."

"Mais il s'en sort bien. C'est vraiment le cas. Ransome le dit."

"Je sais. Je leur ai dit ça. Mais ils ne le croiront pas. Et *je* ne le crois plus maintenant. Il mourra : tu verras, il mourra. Juste parce que nous avons été de tels cochons avec lui. ".

"C'est absurde ; ça ne le ferait pas..."

"Je n'en suis pas si sûr. C'est affreux de le voir étendu là, comme un agneau - si bon - quand on pense à la façon dont nous l'avons chassé et traqué."

"Il ne le savait pas, Barbara. Nous ne le lui avons jamais fait savoir."

"Vous ne savez pas ce qu'il savait. Il a dû le voir."

"Il ne voit jamais rien."

"Je te le dis, tu ne sais pas ce qu'il voit… Je donnerais n'importe quoi, n'importe quoi pour ne pas l'avoir fait."

"Moi aussi."

"C'est une leçon pour moi", a-t-elle déclaré, "aussi longtemps que je vivrai, je ne devrai plus jamais me moquer de personne. Ne jamais dire de choses cruelles."

"Nous n'avons pas dit de choses cruelles."

"Des choses méchantes."

"Pas très méchant."

"Nous l'avons fait. Je l'ai fait. J'ai dit toutes les choses vraiment bestiales."

"Non. Non, tu ne l'as pas fait. Pas à moitié aussi bestial que moi et Horry."

"C'est ce que pense Horry maintenant. Il est presque fou à ce sujet."

" Écoute, Barbara ; tu es simplement sentimentaliste parce qu'il est malade et tu es désolé pour lui…. Ce n'est pas nécessaire. Je te le dis, il apprécie sa maladie. … Je ne suppose pas, " dit Ralph pensivement, "il apprécie tellement tout depuis la guerre."

« Cela ne montre-t-il pas à quel point nous avons été des brutes, qu'il doit être malade pour pouvoir s'amuser ?

"Oh non. Il s'amuse tout le temps, lui-même, Barbara. Il ne peut s'empêcher de profiter de sa maladie. Il aime que tout le monde s'affaire autour de lui et pense à lui."

"C'est ce que je veux dire. Nous n'avons jamais pensé à lui. Pas sérieusement. Nous n'avons rien fait, rien que rire. Eh bien, tu ris maintenant. … C'est horrible de ta part, Ralph, quand il est peut-être en train de mourir. … C'est cela nous servirait à tous très bien s'il mourait. »

À sa grande surprise et indignation, Barbara s'est mise à pleurer. Le morceau dur et humide du mouchoir de poche n'était pas d'une grande aide, et avant qu'elle ait pu l'attraper, les bras de Ralph l'entourèrent et il embrassait les larmes une à une.

"Chérie, je ne pensais pas que ça te dérangeait vraiment—"

"Qu'est-ce que tu as pensé, alors ?" elle a sangloté.

"Je pensais que tu jouais. Une sorte de variante du jeu."

"Je t'ai dit que c'était un jeu cruel."

"Peu importe. C'est fini. Nous n'y jouerons plus jamais. Et il ira mieux dans une semaine. ... Ecoute, Barbara, tu ne peux pas arrêter de penser à lui pendant une minute ? Tu sais que je t'aime , le plus terrible, n'est-ce pas ?

"Oui. Je sais maintenant, très bien."

"Et *je* sais."

"Comment savez-vous?"

"Parce que, mon vieux, tu n'as jamais cessé de t'accrocher à mon col depuis que
je t'ai attrapé. Tu ne peux pas revenir *là- dessus* ."

"Je ne veux pas revenir là-dessus… Je dis, nous avons toujours dit qu'il nous avait réunis, et il *l'a fait* , cette fois."

Plus tard dans la nuit, lorsque Ralph annonça à Fanny leurs fiançailles, la première chose qu'elle dit fut : « Tu ne dois pas lui dire. marié."

"Pourquoi pas ?"

" Cela pourrait le contrarier. Vous voyez, " dit-elle, " il aime beaucoup Barbara. "

Le lendemain, la température de M. Waddington est revenue à la normale ; et le lendemain, lorsque Ralph appela, Barbara se précipita vers lui pour lui annoncer la nouvelle.

« Il est assis, crie-t-elle, en train de manger un morceau de sole.

"Hourra ! Maintenant nous pouvons être heureux."

Le son du bourdonnement de Fanny parvint par la porte du salon.

XV

1

M. Waddington était assis dans son fauteuil devant l'incendie de la chambre. En tournant légèrement la tête vers la droite, il pouvait se voir parfaitement dans la longue vitre près de la fenêtre. Se lever et se regarder dans cette glace avait été le premier acte de sa convalescence. Il avait à peine osé penser aux changements que sa maladie avait pu produire en lui. Il se souvenait du spectacle horrible que Corbett avait présenté après *sa* grippe l'année dernière.

En se regardant sérieusement dans le verre, il avait constaté que son apparence était plutôt améliorée. Des contours qui lui avaient manqué depuis dix ans réapparaissaient. Le nez de Postlethwaite était plus net. Il était presque mince, et pas aussi faible que Fanny disait qu'il aurait dû l'être. L'immobilité au lit, son attitude spirituelle d'acquiescement complaisant et la libération de tout son organisme du stress d'un intellect agité l'avaient plus mis en tension que sa grippe ne l'avait tiré vers le bas ; et c'était un Waddington nettement plus raffiné et plus jeune que Barbara trouva assis dans le fauteuil, vêtu d'une robe de chambre en soie ouatée bleu roi et du foulard de Fanny, avec un châle en mohair gris sur les genoux.

La convalescence de M. Waddington lui fut tout à fait agréable, même si elle admettait une compagnie soutenue avec Barbara. Dès qu'il atteignit le fauteuil, elle resta assise avec lui pendant des heures ensemble. Elle avait terminé les Ramblings et, à sa demande, elle les lui relut à haute voix, du début à la fin. M. Waddington fut très satisfait de l'impression qu'ils produisaient récitée par la voix charmante de Barbara ; la voix qui tremblait un peu de temps en temps d'une émotion qui lui faisait honneur.

"'Viens avec moi dans la petite vallée abritée du Speed. Suivons le ruisseau à truites fario qui serpente à travers l'herbe verte et luxuriante des prairies—'"

"Je n'en avais aucune idée", a déclaré M. Waddington, "c'était aussi bon que ça. Nous pouvons nous féliciter de nous être débarrassés de Ralph Bevan."

Et en février, lorsque les gelées se sont levées et que le printemps est arrivé, et que les champs verts, roses et violets sont apparus à nouveau à travers la brume sur les collines, il est parti en voiture avec Barbara dans sa voiture. Il voulait revoir les lieux de ses *Ramblings* , et il voulait que Barbara les regarde avec lui. C'était la récompense qu'il lui avait promise pour ce qu'il appelait son travail morne et mécanique de copie et de copie.

Barbara remarqua l'expression curieuse et exaltée de son visage alors qu'il s'asseyait à côté d'elle dans la voiture, l'air noble. Elle l'attribuait en partie à cette satisfaction de soi éternelle qui faisait son bonheur intérieur, et en partie à la pure exaltation physique induite par la vitesse. Elle ressentait elle-même quelque chose de semblable alors qu'ils montaient et descendaient les collines en lacets : une excitation s'ajoutait au profond bonheur qui venait du fait de penser à Ralph. Et il n'y avait pratiquement pas un moment où elle ne pensait pas à lui. Cela fit briller ses yeux et sa bouche frémissante avec un sourire particulièrement heureux.

Et M. Waddington regarda Barbara qui était assise à côté de lui. Il remarqua les reflets et les frémissements, et il pensa… ce qu'il avait toujours pensé de Barbara. Seulement maintenant, il en était certain.

L'enfant l'aimait. Elle avait été fascinée et effrayée, effrayée et fascinée par lui dès la première heure où elle l'avait connu. Mais elle n'avait plus peur de lui. Elle avait cessé de lutter. Elle s'abandonnait comme une enfant à ce sentiment dont, dans son innocence d'enfant, elle ne connaissait pas encore la nature. Mais il le savait. Il l'avait toujours su.

C'est ce qu'admettait une moitié de l'esprit de M. Waddington, tandis que l'autre moitié niait l'avoir su avec certitude. Il continuait à se dire : « Aveugle. Aveugle. Pourtant, j'aurais pu le savoir », comme s'il ne le savait pas.

Bien entendu, il l'avait gardé devant lui comme une possibilité (aucune partie de lui ne le niait). Et il avait fait preuve de tact. Il avait géré une situation délicate avec une délicatesse consommée. Il avait fait tout ce qu'un homme honorable pouvait faire. Mais c'était là. C'était là depuis le jour où il était entré dans la maison et l'y avait trouvée. Et la chose était trop forte pour Barbara. Pauvre enfant, il aurait pu le savoir. Et c'était trop fort pour M. Waddington. Ce n'était pas sa faute. C'était la faute de Fanny, d'avoir la fille là et de les forcer à cette intimité dangereuse.

Avant sa maladie, M. Waddington avait résisté avec succès à la moindre envie qu'il aurait pu avoir de profiter de la situation. Il a conçu sa vie intérieure des neuf derniers mois comme une série de résistances. Il a conçu l'épisode d'Élise comme une soupape de sécurité, naturelle mais désagréable, aux émotions provoquées par Barbara : la substitution d'un permis à un dérapage inadmissible. Cela avait été incroyable pour lui de faire l'amour avec Barbara.

Mais un effet de sa grippe était apparent. Cela avait abaissé sa résistance et, en l'abaissant, avait modifié toute sa perspective morale et son échelle de valeurs, jusqu'à ce qu'un matin d'avril, se promenant avec Barbara dans le jardin qui sentait les giroflées et les violettes, il se rendit compte que Barbara était tout aussi nécessaire. pour lui comme il l'était pour Barbara.

Son chevalet se trouvait dans un coin de la pelouse, avec une aquarelle inachevée de la maison dessus. Il s'arrêta devant, souriant de son sourire tendre et sentimental.

"Il y a une chose que je regrette, Barbara : je n'ai pas eu tes dessins pour mon livre sur les Cotswolds."

Les *Ramblings*, grâce aux activités non déclarées de Ralph Bevan, étaient à ce moment-là dans la presse.

"Pourquoi devriez-vous le faire," dit-elle, "si vous ne vous souciez pas d'eux ?"

"Il est inconcevable que je ne m'en soucie pas. ... J'étais aveugle. Aveugle. ... Eh bien, un jour, si jamais nous avons une *édition de luxe*, ils y apparaîtront."

"Un jour!"

Elle n'eut pas le cœur de lui dire que les dessins avaient une autre destination, car l'existence des dessins de Ralph était encore un secret. Ils étaient convenus que rien ne devait troubler le plaisir de M. Waddington à publier ses Ramblings, ses pauvres Ramblings.

"Il faut payer pour la cécité dans ce monde", a-t-il déclaré.

"Beaucoup de gens seront admis à ce rythme-là. Je ne pense pas que cinq personnes se soucieront de mes dessins."

"Je ne pensais pas seulement à tes dessins, ma chérie." Il réfléchit. ... "Fanny me dit que tu vas fêter ton anniversaire. Tu es une toute petite fille d'avril, n'est-ce pas ?"

2

C'était le vingt-quatrième anniversaire de Barbara et le jour de son adoption. Cela avait commencé, de manière peu propice, par quelque chose qui ressemblait beaucoup à une dispute entre Horatio et Fanny.

M. Waddington était monté à Londres la veille et était revenu avec un pendentif en perles pour Fanny, un collier de jade vert pour Barbara (pas encore présenté) et un gilet jaune canari pour lui-même.

Et pas seulement le gilet...

Le matin de son anniversaire, Fanny avait appelé Barbara alors qu'elle passait devant la porte de sa chambre :

"Barbara, viens ici."

Fanny regardait, fascinée, quatre pyjamas en soie étalés devant elle sur le lit. Remarquable pyjama, d'un magenta féroce avec des éclairs fourchus orange qui courent partout dessus.

"Bon Dieu, Fanny !"

"Vous pouvez très bien dire 'Bon Dieu'. Que diriez-vous si vous deviez… ?
Je ne suis pas une femme nerveuse, mais… »

"C'est une grâce qu'il ne les ait pas eu il y a dix-huit ans", dit Barbara, "sinon
Horry serait peut-être né idiot."

— Les gilets jaunes, c'est très bien, dit Fanny. "Mais à quoi *a-t* -il bien pu
penser ?"

"Je ne sais pas", a déclaré Barbara. D'une manière ou d'une autre, le motif
évoquait irrésistiblement l'image de Mme Levitt.

"Peut-être", dit-elle, "il pense qu'il est Jupiter."

"Eh bien, je ne suis pas Comment s'appelle-t-elle, et je ne veux pas être
maudit. Alors je vais les mettre quelque part où il ne pourra pas les trouver."

À ce moment-là, ils avaient entendu M. Waddington entrer dans sa loge et
Barbara s'était enfuie par la porte du couloir.

"Qui a sorti ces choses de ma garde-robe ?" il a dit. Il regardait le pyjama d'un
air rêveur, presque affectueux.

"Je l'ai fait."

"Et pour quoi faire ?"

"Pour les regarder. Tu peux te demander ? Horatio, si tu les portes, je
demanderai une séparation."

"Ne t'inquiète pas."

Il y avait sur son visage une expression étrange, significative et furtive. Et
l'esprit de Fanny, d'un de ses envolées rapides, s'élança hors du pyjama.

"Qu'est-ce que tu vas faire de Barbara?" dit-elle.

" *Et* pour elle ? "

"Oui. Tu sais que nous allions l'adopter si nous l'aimions suffisamment. Et
nous l'aimons assez, n'est-ce pas ?"

"Je n'ai aucun sentiment paternel pour Barbara", a déclaré M. Waddington.
"La relation parentale ne me semble pas souhaitable ou convenable."

"J'aurais dû penser, compte tenu de son âge et du vôtre, que c'était vraiment
très approprié."

"Pas si cela implique des obligations que je pourrais regretter."

"Tu vas subvenir à ses besoins, n'est-ce pas ? Ce n'est sûrement pas une
obligation, tu le regretteras ?"

"Je peux subvenir à ses besoins sans l'adopter."

"Comment ? Ce n'est pas bon de lui laisser quelque chose dans ton testament."

"Je conserverai la moitié de son salaire", a déclaré M. Waddington, "à titre d'allocation."

"Oui. Mais lui donnerez-vous une part de mariage si elle se marie ?"

Il resta silencieux. Son esprit fut ébranlé par le coup.

« Si elle se marie, dit-il, avec mon consentement et mon approbation, oui.

« Si ce n'est pas une attitude parentale ! Et si ce n'est pas le cas ?

"Elle ne pense pas à se marier."

"Tu ne sais pas à quoi elle pense."

« Ni l'un ni l'autre, j'ose le dire, n'est-ce pas ?

"Eh bien, je ne vois pas comment je pourrais l'adopter, si tu ne le fais pas."

"Je n'ai pas dit que je ne l'adopterais pas."

"Alors tu le feras?"

Il lui répondit avec une férocité incroyable.

« Je suppose que je vais devoir le faire. Ne *m'inquiète pas* !

Il souleva ensuite le pyjama du lit et le porta dans sa loge. Par la porte ouverte, elle le vit, monté sur une chaise, les étalant tendrement sur l'étagère supérieure de l'armoire : comme s'il les rangeait dans un but mystérieux et romantique dans lequel Fanny n'était pas incluse.

« Peut-être qu'après tout, pensa-t-elle, il ne les a achetés que parce qu'ils le font se sentir jeune.

Toute la matinée, ce matin-là de l'anniversaire et de l'adoption de Barbara, la tristesse pensive de M. Waddington a continué. Et l'après-midi, il s'enferma dans sa bibliothèque et donna l'ordre de ne pas être dérangé.

3

Barbara était dans la salle du matin.

On lui avait donné la salle du matin pour étudier, et elle y était seule, s'amusant avec son carnet de poche.

Le carnet de croquis était le secret de Barbara et de Ralph. Parfois, il vivait pendant des jours avec Ralph au White Hart. Parfois, il vivait avec Barbara, dans la poche de son manteau, ou dans son bureau fermé à clé. Elle était obsédée par la peur qu'un jour elle le laisse là et que Fanny le retrouve, ou M. Waddington. Ou à tout moment, M. Waddington pourrait se précipiter sur elle et la surprendre. Ce serait terrible si elle était attrapée. Car cette remarquable collection contenait plusieurs dessins à la plume et à l'encre de M. Waddington, et Barbara les ajoutait quotidiennement.

Mais pour le moment, pendant le long intervalle entre un thé d'anniversaire inhabituellement précoce et un dîner d'anniversaire inhabituellement tardif, elle était en sécurité. Fanny était allée rejoindre Medlicott en voiture. M. Waddington était caché dans sa bibliothèque, lisant dans une parfaite innocence, simplicité et paix. Il était même peu probable que Ralph vienne, car il était parti pour Oxford, et c'était à cause de lui que le dîner d'anniversaire avait été reporté à huit heures et demie. Il y aurait des heures et des heures.

Elle venait de terminer le dernier des trois dessins de M. Waddington : M. Waddington debout devant le long miroir dans son nouveau pyjama ; M. Waddington apparaissant à la porte de la chambre de Fanny sous le nom de Jupiter, avec des éclairs fourchus zigzaguant hors de lui dans tous les coins ; M. Waddington se penche pour monter dans son lit, avec une large vue arrière d'où jaillissent des éclairs.

Et c'est à ce moment-là que M. Waddington a choisi de venir présenter le collier de jade vert. Il portait son gilet jaune canari.

Barbara ferma précipitamment son carnet de croquis et le posa sur la table. Elle garda un bras dessus pendant qu'elle recevait et ouvrait l'étui en cuir où le collier vert reposait sur son coussin blanc.

"Pour *moi* ? Oh, c'est trop divin. Comme c'est terriblement gentil de ta part."

"Est-ce que tu aimes ça, Barbara?"

"Je l'aime."

Un sentiment de componction la piquait lorsqu'elle pensait à ses dessins, en particulier celui où il se mettait au lit. Elle se dit : "Je ne le ferai plus jamais. Plus jamais… Et je ne le montrerai pas à Ralph."

"Mettez-le", ordonna-t-il, "et laissez-moi vous voir dedans."

Elle l'a sorti de l'étui. Elle leva les bras et les passa autour de son cou ; elle se dirigea vers le miroir. Et, après le premier moment d'admiration, M. Waddington s'empara du carnet de croquis découvert. Barbara l'a vu dans le miroir. Elle se retourna en criant :

"Tu ne dois pas ! Tu ne dois pas le regarder."

"Pourquoi pas?"

"Parce que je ne laisse personne voir mes croquis."

me laisseras ."

"Je *ne le ferai pas* !" Elle se précipita sur lui, agrippant son bras et y accrochant son poids. Il se libéra et leva le carnet de croquis bien au-dessus de sa tête. Elle se releva d'un bond, la déchirant, mais sa prise tint bon.

Il se réjouissait de son pouvoir. Il rit.

"Donnez-le-moi immédiatement", dit-elle.

"Aha ! Elle a ses petits secrets, n'est-ce pas ?"

"Oui. Oui. Ils sont tous là. Vous n'avez pas à les regarder."

Il caracola lourdement, esquivant son attaque, appréciant la violence juvénile de la lutte.

"Viens," dit-il, "demande-moi gentiment."

"S'il vous plaît, alors. *S'il vous plaît*, donnez-le-moi."

Il le lui donna, s'inclinant profondément devant sa main tandis qu'elle la prenait.

"Je ne fouillerais pour rien au monde vos chers petits secrets", dit-il.

Ils se sont assis à l'amiable.

"Tu me laisses rester avec toi un petit moment ?"

"S'il te plaît, fais-le. Tu ne veux pas une de mes cigarettes ?"

Il en prit un, le tourna entre ses doigts et lui sourit – un sourire persistant et sentimental.

"Je pense que je connais votre secret," dit-il à présent.

"Est-ce que tu?" Son esprit se tourna vers Ralph.

"Je le pense. Et je pense que tu connais le mien."

"Le vôtre?"

"Oui. Le mien. Nous ne pouvons pas continuer à vivre ainsi, si près les uns des autres, sans le savoir. Nous pouvons essayer de nous cacher certaines choses, mais nous ne pouvons pas. J'ai l'impression que vous aviez tout vu. "

Elle se dit : « Il pense à Mme Levitt.

"Je ne pense pas avoir vu quoi que ce soit d'important", a-t-elle déclaré.

"Vous avez vu ce qu'est ma vie ici. Vous n'avez pas pu vous empêcher de voir   que Fanny et moi ne nous entendons pas très bien."

"Fanny est un ange."

"Espèce, chère petite chose loyale... Oui, c'est un ange. Trop d'ange pour un simple homme. J'ai commis ma grande erreur, Barbara, quand je l'ai épousée."

"De toute façon, elle ne le pense pas."

"Je n'en suis pas si sûr. Fanny sait qu'elle tient quelque chose qui est trop... trop grand pour elle. Ce qui ne va pas avec Fanny, c'est qu'elle n'arrive pas à saisir les choses. Elle en a peur. Et elle n'arrive pas à prendre au sérieux les choses sérieuses. . Cela ne sert à rien de m'attendre à ce qu'elle le fasse.

"Tu ne comprends pas du tout Fanny."

"Ma chère enfant, je suis marié avec elle depuis plus de dix-sept ans et je ne suis pas idiot. Vous avez vu par vous-même comment elle prend les choses. Comment elle rabaisse tout avec son rire, son rire, son éternel rire. le moment où ça vous énerve."

"Ce serait le cas", a déclaré Barbara, "si vous n'en voyez pas le plaisir."

"Vous ne pouvez pas vous attendre à ce que je voie le plaisir de mes propres funérailles."

« Des funérailles ? C'est si grave que ça ?

"Cela a été aussi grave que tout cela... Barbara."

Il ruminait.

"Et puis tu es venu, avec ta douceur. Et ton petit visage sérieux—"

« Mon visage *est-il* sérieux ?

"Très. Pour moi. D'autres personnes peuvent penser que vous êtes frivole et amusant. J'ose dire que vous êtes amusant – pour eux."

"Je l'espère."

"Tu l'espères parce que tu veux leur cacher ta vraie personnalité. Mais tu ne peux pas me le cacher. Je l'ai vu tout le temps, Barbara."

"Es-tu sûr?"

"Tout à fait, bien sûr."

"J'aurais aimé savoir à quoi ça ressemblait."

"C'est ta beauté et ton charme, ma chère, que tu ne connais pas."

"Quel joli gilet tu portes", dit Barbara.

Il avait l'air satisfait. "Je suis contente que tu l'aimes, je l'ai mis pour ton anniversaire."

"Tu veux dire," dit-elle, "le jour de mon adoption."

Il grimaça.

" C'est *bien* , dit-elle, que vous et Fanny m'adoptiez. Mais ce ne sera pas pour très longtemps. Et je veux quand même gagner ma vie. "

"Je ne peux pas penser à te laisser faire ça."

"Je le dois. Cela ne fera aucune différence pour mon adoption."

Il fronça les sourcils. Ce sujet lui répugnait tellement qu'il estimait qu'il déplairait également Barbara.

"C'était l'idée de Fanny", a-t-il déclaré.

"Je pensais que ce serait le cas."

"Tu ne t'attendais pas à ce que j'éprouve des sentiments paternels pour toi, Barbara ?"

"Je ne *m'attendais pas* du tout à ce que tu ressentes le moindre sentiment."

La blessure le fit sursauter. "Mon pauvre enfant, quelle chose terrible de ta part."

"Pourquoi terrible?"

« Parce que ça se voit… ça se voit… Et ce n'est pas vrai. Pensez-vous que je ne sais pas ce qui se passe en vous ? J'étais aveugle à moi-même, ma chère, mais j'ai vu à travers vous.

"J'ai vu à travers moi ?" Elle repensa à Ralph.

"Complètement."

"Je ne savais pas que j'étais aussi transparent. Mais je ne vois pas que cela importe beaucoup si tu le savais."

Il sourit de sa délicieuse naïveté.

"Non. Rien n'a d'importance. Rien n'a d'importance, Barbara, à part notre attention. Au moins, nous sommes assez sages pour le savoir."

"Je n'aurais pas dû penser", dit-elle, "il faudrait beaucoup de sagesse".

"Plus que tu ne le penses, mon enfant ; plus que tu ne le penses. Tu dois seulement être sage pour toi-même. Je dois être sage pour nous deux."

Elle pensa : « Parent lourd. Cela vient du fait d'être adopté.

"En ce qui concerne le problème", a-t-elle déclaré, "on ne peut être sage que soi-même".

"Je suis content que tu voies ça. Cela me rend les choses beaucoup plus faciles."

"C'est vrai. Tu ne dois pas penser que tu es responsable de moi simplement parce que tu m'as adopté."

"Ne me parle pas d'adoption ! Quand tu sais parfaitement pourquoi je l'ai fait."

"Pourquoi... pourquoi *as*- tu fait ça ?"

"Pour que les choses soient sûres pour nous. Pour empêcher Fanny de savoir. Pour m'empêcher de savoir, Barbara. Pour te garder…. Mais il est trop tard pour le camoufler. Nous savons où nous en sommes maintenant."

"Je ne pense pas . "

"C'est vrai. C'est vrai."

M. Waddington jeta sa cigarette dans le feu avec un geste passionné d'abandon. Il est venu vers elle. Elle l'a vu venir. Elle y voyait surtout l'approche d'un gilet jaune canari. Elle fixait son attention sur le gilet comme s'il était le centre de son propre équilibre mental.

Il y avait une courbure dans le gilet. M. Waddington était penché sur elle, son visage regardant le sien. Elle restait immobile, retenue sous son visage par la curiosité et la peur. Tout le phénomène lui paraissait incroyable. Trop incroyable encore pour appeler à la protestation. C'était comme si cela n'arrivait pas ; comme si elle attendait simplement que cela se produise avant de crier. Pourtant, elle avait peur.

Cet état dura un instant. Le lendemain, elle était dans ses bras. Sa bouche, poussée sous la grosse moustache rugueuse, courait sur son visage, comme… comme… pendant qu'elle pressait fortement ses mains contre le gilet jaune canari, le repoussant, son esprit se dégageait de la lutte et rapportait… comme un aspirateur. C'était ça. Aspirateur.

Il a rendu. Il n'y avait aucune violence maléfique en lui et elle se leva.

"Comment peux-tu?" elle a pleuré. "Comment as-tu pu être un cochon aussi parfait ?"

" *Ne* me dis pas ça, Barbara. Même pour t'amuser… Tu sais que tu m'aimes. "

"Je ne le fais pas. Je ne le fais pas."

"Tu le sais. Tu le sais. Tu sais que tu veux que je te prenne dans mes bras. Pourquoi être si cruel envers toi-même ?"

"Pour moi-même ? Je me suiciderais avant de te laisser... Eh bien, je te tuerais."

"Non. Non. Non. Tu penses seulement que tu le ferais, espèce de petit cracheur de feu."

Il avait complètement renoncé et s'appuyait maintenant contre la cheminée, ni battu, ni honteux, mais lui souriant avec une certitude triomphante. Pendant si longtemps, le mirage de son illusion l'a retenu.

"Rien de ce que tu pourras dire, Barbara, ne me persuadera que tu ne te soucies pas de moi."

"Alors tu dois être fou. Fou comme un chapelier."

"Tous les hommes deviennent fous parfois. Il faut faire des concessions. Écoutez-"

"Je n'écouterai pas. Je ne veux plus entendre un mot."

Elle allait.

Il a vu son intention ; mais il était plus près de la porte qu'elle, et d'un mouvement rapide mais lourd, il y arriva le premier. Il se tenait devant elle, dos à la porte. (Il eut la folle idée de le verrouiller, mais la chevalerie le lui interdisait.)

"Vous pouvez y aller dans une minute", dit-il. "Mais vous devez d'abord m'écouter. Vous devez être juste envers moi. Je suis peut-être en colère; mais si je ne me souciais pas de vous - à la folie - je n'aurais pas supposé un instant que vous je me souciais de moi. Je n'aurais pas pensé à une chose pareille."

"Mais je *ne le fais pas* , je te le dis."

"Et je vous le dis, c'est le cas. Pensez-vous qu'après tout ce que vous avez fait pour moi..."

"Je n'ai rien fait."

"C'est fait ? Regarde la façon dont tu as travaillé pour moi. Je n'ai jamais rien connu d'aussi dévoué, Barbara."

"Oh, *ça* ! C'était seulement mon travail."

« Était-ce votre travail de me sauver de cette horrible femme ?

"Oh, oui ; tout cela faisait partie du travail de la journée."

"Ma chère Barbara, aucune femme ne fait jamais une telle journée de travail pour un homme à moins qu'elle ne prenne soin de lui. Et à moins qu'elle veuille qu'il prenne soin d'elle."

"En fait, c'était Fanny dont je tenais. Je pensais à Fanny tout le temps… Si *vous* pensiez davantage à Fanny et moins à Mme Levitt et aux gens, ce serait une bonne chose."

"Il est trop tard pour penser à Fanny maintenant. Ce n'est que ta douceur et ta bonté."

"S'il vous plaît, ne mentez pas. Si vous me trouviez vraiment gentil et bon, vous ne vous attendriez pas à ce que je remplace Mme Levitt."

"Ne parlez pas de Mme Levitt. Pensez-vous que je pense à vous dans la même phrase ? C'était une tout autre chose."

« Était-ce ? Était-ce si différent ?

Il vit qu'elle se souvenait. "C'était le cas. Un homme peut perdre la tête dix fois sans perdre le cœur une seule fois. Si vous pensez à Mme Levitt, vous pouvez oublier cela pour toujours."

"Il n'y a pas que Mme Levitt. Il y a Ralph Bevan. Vous avez oublié Ralph Bevan."

"Qu'est-ce que Ralph Bevan a à voir avec ça ?"

"Simplement ceci, que je suis fiancée avec lui."

"Se marier ? Être marié à Ralph Bevan ? Oh, Barbara, pourquoi ne me l'as-tu pas dit ?"

"Ralph ne voulait pas que je le fasse, jusqu'à ce que ce soit plus proche."

« Le moment…. En est-il arrivé là ?

"C'est vrai", a déclaré Barbara.

Il s'éloigna de la porte et commença à marcher de long en large dans la pièce. Elle aurait pu sortir maintenant, mais elle n'y est pas allée. Elle *devait* voir ce qu'il en ferait.

Lors de son dernier tour, il lui fit face et resta immobile.

« Pauvre enfant, dit-il, c'est donc à cela que je t'ai conduit ?

La stupéfaction la fit taire.

"Asseyez-vous", dit-il, "nous devons traverser cela ensemble."

La surprise la fit s'asseoir. Il faudra certainement le parcourir pour voir à quoi il ressemblerait à la fin. Il était insurpassable. Il ne doit pas lui manquer.

"Regarde ici, Barbara." » Il parlait d'un ton de calme forcé et contre nature. "Je ne pense pas que vous compreniez vraiment la situation. Je suis sûr que vous ne réalisez pas un seul instant à quel point elle est grave."

"Je ne le fais pas. Tu ne dois pas t'attendre à ce que je prenne ça au sérieux."

"C'est parce que tu ne te prends pas assez au sérieux, ma chérie. D'une certaine manière, tu es singulièrement humble. Je ne crois pas que tu saches vraiment à quel point cette chose est allée profondément avec moi, sinon tu n'aurais pas parlé de Mme. Lévitt….

"… C'est la vie et la mort, Barbara. La vie et la mort…. Je vais faire un aveu. Ce n'était pas sérieux au début. Ce n'était pas un coup de foudre. Mais c'est devenu d'autant plus profond. Je ne l'ai pas fait. Je ne savais pas à quel point c'était profond jusqu'à l'autre jour. Et j'avais tellement de choses à penser. Fanny.

"Oui. N'oublie pas Fanny."

"Je ne l'oublie pas. Fanny ne va pas s'en soucier comme vous le pensez. Comme vous le feriez vous-même si vous étiez à sa place. Les choses ne vont pas si profondément avec Fanny que ça… Et elle l'est" Je ne vais pas me retenir contre ma volonté. Elle n'est pas ce genre-là… Écoutez, s'il vous plaît.

Barbara restait assise, écoutant. Elle le laisserait aller jusqu'au bout.

"Je l'avoue. Au début, je n'avais pas pensé à divorcer. Je ne supportais pas l'idée de vivre tous ces désagréments. Mais je le reverrais dix fois plutôt que d'épouser Ralph Bevan. … Attendez maintenant… Avant de vous parler aujourd'hui, j'avais décidé de demander à Fanny de divorcer, je sais qu'elle le fera. Votre nom ne sera pas autorisé à apparaître. son consentement, nous partirons ensemble quelque part en Italie ou sur la Riviera. J'ai tout prévu, tout est prêt, quand j'étais à Londres.

Elle aperçut des éclairs fourchus sur un Waddington magenta.

"De quoi riez-vous, Barbara ?"

Il se tenait au-dessus d'elle, affligé. *Barbara* allait -elle lui faire subir une crise de colère ?

"Ne ris pas. Ne sois pas stupide, mon enfant."

Mais Barbara continuait de rire, la tête dans les coussins, abandonnée à sa vision. De loin dans le parc, ils entendirent le bruit du klaxon de Kimber, puis le grincement de la voiture, avec Fanny à bord, sur le gravier à l'extérieur. Barbara se redressa brusquement et s'essuya les yeux.

Ils se regardèrent, des regards complices.

« Viens, mon enfant, dit-il, ressaisis-toi.

Barbara se leva et regarda dans le verre et vit le collier de jade vert accroché à elle. Elle l'enleva et le posa sur la table à côté du carnet de croquis oublié.

"Je pense," dit-elle, "vous devez avoir pensé cela à Mme Levitt. Mais vous pouvez remercier vos étoiles, ce n'est que moi, cette fois."

Il faisait semblant de ne pas l'entendre, de ne pas voir le collier, de ne pas savoir qu'elle s'éloignait de lui. Elle resta un moment dos à la porte, face à lui. C'était à son tour de rester là et d'être écoutée.

"M. Waddington", dit-elle, "certaines personnes pourraient penser que vous êtes méchant. Moi, je vous trouve seulement drôle."

Il se redressa et parut noble.

"Drôle ? Si c'est l'idée que tu as de moi, tu ferais mieux d'épouser Ralph Bevan."

"Je pense presque que je l'ai fait."

Et elle rit encore. Pas le rire de Mme Levitt, dégoûtant d'expérience. Il avait supporté cela sans trop de douleur. C'était un rire de fille, jeune, innocent et pur, et dix fois plus cruel.

"Tu ne sais pas," dit-elle, "tu ne sais pas à quel point tu es drôle", et elle le quitta.

M. Waddington prit le collier et l'embrassa. Il le frotta contre sa joue et l'embrassa. Un bout de papier était tombé de la table sur le sol. Il savait ce qui était écrit dessus : « De Horatio Bysshe Waddington à sa Petite Fille d'Avril ». Il le prit et le mit dans sa poche. Il prit le carnet de croquis.

"La petite chose", pensa-t-il. "Maintenant, s'il n'y avait pas eu sa ridicule jalousie envers Elise - s'il n'y avait pas eu Fanny - s'il n'y avait pas eu la douceur et la bonté de la petite chose -" Son Dieu. C'était une sainte. Un saint. C'était la vertu de Barbara, et non celle de Barbara, qui l'avait repoussé.

C'était la seule explication crédible de son comportement, la seule avec laquelle il pouvait supporter de vivre.

Il ouvrit le carnet de croquis.

C'est Fanny, arrivée à cet instant, qui l'a sauvé du pire.

Lorsqu'elle eut remis le carnet de croquis dans son refuge dans le bureau et l'avait enfermé, elle se tourna vers lui.

"Horatio," dit-elle, "comme Ralph vient dîner ce soir, je ferais mieux de vous dire que lui et Barbara sont fiancés."

"Elle me l'a dit elle-même… Cette enfant, Fanny, est une sainte. Une petite sainte."

"Comment as-tu découvert ça ? Penses-tu qu'il faut un saint pour épouser Ralph ?"

"Je pense qu'il faut un saint pour épouser Ralph, puisque tu le dis ainsi."

4

« Chère Fanny :

"Je suis désolé, mais M. Waddington et moi avons eu une altercation. Cela a rendu les choses impossibles, et je vais voir Ralph. Il viendra pour moi, donc il n'y aura pas de scandale.

"Tu sais à quel point je t'aime, c'est pourquoi tu me pardonneras si je ne reviens pas.

"Toujours ton amour

"Barbara."

"PS : je suis terriblement désolé pour mon dîner d'anniversaire. Mais je ne me sens pas non plus comme un anniversaire ou un dîner. Je veux Ralph. Rien que Ralph."

Cela ferait croire à Fanny que c'était pour Ralph qu'ils s'étaient disputés. Barbara a posé ce mot sur la coiffeuse de Fanny. Puis elle est allée au White Hart, chez Ralph Bevan. Elle attendit dans son salon qu'il revienne d'Oxford.

"Bonjour, vieille chose, qu'est-ce que *tu* fais ici ?"

"Ralph, est-ce que ça te dérange vraiment si nous ne dînons pas au Manoir ?"

"Si nous ne le faisons pas, pourquoi ?"

"Parce que je les ai quittés. Et je ne veux pas y retourner. Pensez-vous que je pourrais avoir une chambre ici ?"

"Quoi de neuf?"

"J'ai eu une dispute tout simplement horrible avec Waddy, et je ne peux pas m'en tenir là. Entre nous, nous avons rendu cela impossible."

"Qu'est-ce qu'il a fait ?"

"Oh peu importe."

"Il t'a fait l'amour."

"Si tu appelles ça faire l'amour."

« Le vieux porc !

Tandis qu'il le disait, il sentait que les mots et sa propre fureur étaient en deçà de la qualité fantastique de Waddington.

"Non. Ce n'est pas le cas." (Barbara le sentit.) "Il était tout simplement plus drôle que vous ne pouvez l'imaginer…. Il portait un gilet jaune canari."

Malgré sa fureur, il sourit.

"Je pense qu'il l'avait acheté pour ça."

"Oh, Barbara, à quoi il devait ressembler !"

"Oui. Si seulement tu avais pu le voir. Mais c'est la pire de toutes ses meilleures choses. Elles n'arrivent que lorsque tu es seule avec lui."

"Vous vous souvenez, nous nous demandions s'il recommencerait, s'il ferait mieux ?"

"Oui, Ralph. Nous ne pensions pas que ce serait moi."

"Comme il se surpasse !"

"Le plus drôle, c'est qu'il pensait que j'étais amoureuse de *lui* ."

"Il ne l'a pas fait !"

"Il l'a fait. À cause de la façon dont j'avais travaillé pour lui. Il pensait que cela le prouvait."

"Oui. Oui. Je suppose qu'il le *penserait* …. Ecoute, il n'a rien fait, n'est-ce pas ?"

"Il m'a embrassé. *Ce* n'était pas drôle."

"Le vieux pécheur putride. S'il *n'était pas* si vieux, je lui tordrais le cou."

"Non, non. Tout cela ne va pas. Ce n'est pas comme ça que nous avons convenu de le prendre. Nous trouverions ça assez drôle s'il l'avait fait à quelqu'un d'autre. C'est un pur hasard que ce soit moi."

"C'est sans aucun doute le point de vue philosophique approprié. Je me demande si Mme Levitt l'accepte."

"Ralph, ce n'était pas du tout comme son coup de Mme Levitt. Le plus horrible, c'est qu'il le pensait vraiment. Il avait tout planifié. Nous devions partir ensemble sur la Riviera, et il devait porter son canari. gilet."

"Est-ce qu'il a dit ça?"

"Non. Mais on pouvait voir qu'il le pensait. Et il allait convaincre Fanny de divorcer."

"Bon Dieu ! Il est allé jusque là ?"

"En ce qui concerne cela. Il était tellement sûr de lui, voyez-vous. J'ai bien peur que cela ait été un peu un choc pour lui."

"Eh bien, c'est une très bonne chose que j'ai enfin un travail."

" *Avez-* vous?"

"Oui. Nous pouvons nous marier après-demain si nous le souhaitons. Blackadder m'a confié la rédaction de la *New Review* ."

"Non ? Oh, Ralph, c'est génial."

"C'est pour ça que j'ai couru à Oxford, pour le voir et tout régler. C'est une connerie assez convenable. La chose n'a pas fini de se pirater, et c'est à moi de la faire durer."

"Je dis : Fanny sera contente."

Pendant qu'ils en parlaient, la propriétaire du White Hart entra pour leur dire que Mme Waddington était en bas et qu'elle voulait parler à Miss Madden.

"Très bien," dit Ralph. "Faites venir Mme Waddington. Je vais m'en aller."

"Oh, Ralph, que dois-je lui dire ?"

"Dites-lui la vérité, si elle le veut. Cela ne la dérangera pas."

"Elle le fera... terriblement."

"Pas si effrayant que tu le penses."

"C'est ce qu'il *a* dit."

"Eh bien, il est là, la vieille bête."

5

"Barbara *chérie* ", dit Fanny lorsqu'elles furent seules ensemble, "que diable s'est-il passé ?"

"Oh, rien. Nous avons juste eu une petite dispute, c'est tout."

"A propos de Ralph ? Il m'a dit que c'était Ralph."

"On pourrait dire que c'était Ralph. Il est entré dans le coup."

"Dans quoi?"

"Oh, la situation générale."

"C'est absurde. Horatio te faisait l'amour. Je pouvais le voir à son visage…. Cela ne te dérange pas de me dire franchement que je l'ai vu venir."

"Depuis quand?"

"Je ne sais pas. Cela a dû commencer bien avant que je le voie."

"Combien de temps pensez-vous ?"

"Oh, avant Mme Levitt."

"Mme Levitt ?"

"Elle n'était peut-être qu'une soupape de sécurité. C'est pourquoi je lui ai fait t'adopter. Je pensais que cela l'arrêterait. Par simple décence. Mais il semble que cela n'ait fait que l'amener à son paroxysme."

"Non. C'est son gilet canari qui a fait ça, Fanny."

Le fantôme d'une gaieté morte surgit dans les yeux de Fanny.

"Vous confondez les causes et les effets, ma chère. Il n'était pas amoureux parce qu'il avait acheté le gilet. Il a acheté le gilet parce qu'il était amoureux. Et ces autres choses, les pyjamas romantiques, parce qu'il pensait qu'elles feraient l'affaire." il a l'air plus jeune."

"Eh bien," dit Barbara, "c'était un cercle vicieux. Le gilet lui a mis ça dans la tête cet après-midi-là."

"Peu importe comment c'est arrivé."

"Je suis terriblement désolée, Fanny. Je n'aurais laissé cela arriver pour rien au monde si j'avais su que cela allait se produire. Mais qui aurait pu le savoir ?"

"Ma chérie, ce n'était pas de ta faute."

"Ça vous dérange terriblement ?"

Fanny détourna le regard.

"Ça dépend", dit-elle. "Qu'est-ce que tu lui as dit?"

"J'ai dit beaucoup de choses, mais elles n'étaient pas très bonnes. Ensuite, j'ai peur
d'avoir ri."

"Tu t'es moqué de lui ?"

"Je n'ai pas pu m'en empêcher, Fanny. Il était tellement drôle."

"Oh!" Fanny retint son souffle dans un sanglot. "C'est ce que je ne peux pas supporter,
Barbara : qu'on se moque de lui."

"Je sais", dit Barbara.

"Au fait, quand tu mourras chérie, si tu dois mourir à un moment donné, ce sera une consolation pour toi de savoir qu'il n'a pas vu tes dessins—"

"Les as- *tu* vus?"

"Seulement celui qu'il regardait quand je suis entré."

« Était-ce… était-ce celui où il se couchait ?

"Non. Il chassait seulement."

"Dieu a été plus gentil avec moi que je ne le mérite à ce moment-là."

"Il a été plus gentil avec lui aussi, j'imagine."

Elle a continué. "Je veux que tu voies les choses clairement. Comprenez. Cela ne me dérange pas qu'il soit amoureux de vous. Je savais qu'il l'était. Amoureux jusqu'aux oreilles. Et cela ne me dérangeait pas du tout."

"Je pense qu'il comptait là-dessus. Il savait que tu lui pardonnerais."

" Lui pardonner ? Ce n'était même pas une question de pardon. J'étais *heureux* . Je pensais : si seulement il pouvait avoir un vrai sentiment. Si seulement il pouvait se soucier de quelque chose ou de quelqu'un qui n'était pas lui…. Je pense qu'il s'en souciait pour toi, Barbara. Ce n'était pas seulement lui-même et je l'aimais pour ça.

« Toi, chérie ! Et tu ne me détestes pas ?

"Tu sais que non. Mais je t'aimerais encore plus si tu l'avais aimé."

"Si je l'avais aimé ?"

"Oui. Si tu étais partie avec lui et que tu l'avais rendu heureux. Si tu ne t'étais pas moqué de lui, Barbara."

"Je sais. C'était horrible de ma part. Mais que pouvais-je faire ?"

"Que pourriez-vous faire ? Nous le faisons tous. Je le fais. Mme Levitt l'a fait."

"Je ne l'ai pas fait comme Mme Levitt."

"Non. Mais tu n'étais qu'un de plus. Penses-y. Toute sa vie, on s'en moquait. Et quand il faisait l'amour aussi; la chose la plus sérieuse, Barbara, qu'on puisse faire. Je te dis que je ne peux pas supporte-le. Je te l'aurais donné dix fois d'abord.

"Alors," dit Barbara, "tu *dois* me pardonner."

"Si je ne le fais pas, c'est parce que c'est mon propre péché et que je ne peux pas me pardonner...."

« ... En plus, j'ai laissé faire. Parce que je pensais que ça le guérirait.

"De tomber amoureux ?"

"D'essayer d'être jeune alors qu'il ne le ressentait pas. Je pensais qu'il verrait à quel point c'était impossible. Mais c'est ce qui est triste. Il *se serait* senti jeune, Barbara, si tu l'avais aimé. Si je l'avais aimé. "Je l'avais aimé, j'aurais pu le garder jeune. Je te l'ai dit", dit-elle, "tout était de ma faute."

"Tu m'as dit que Ralph et moi ne serions jamais vieux. C'est ce que tu voulais dire ?"

"Oui."

Ils restèrent silencieux un moment, regardant par la fenêtre de Ralph la place du marché.

Et bientôt ils virent M. Waddington passer le coin de l'hôtel de ville et traverser le grand espace ouvert jusqu'à la Dower House.

"Tu dois revenir avec moi, Barbara. Si tu ne le fais pas, tout le monde saura ce qui s'est passé."

"Je ne peux pas, Fanny."

"Il ne sera pas là. Tu ne le verras pas avant le jour de ton mariage. Il va rester avec grand-mère. Il dit qu'elle ne va pas très bien."

"Je suis désolé qu'elle ne va pas bien."

"Elle va parfaitement bien. Ce n'est pas ce qu'il cherche."

De l'autre côté de la place, ils virent la porte de la Dower House s'ouvrir et le recevoir. Fanny sourit.

"Il retourne chez sa mère pour retrouver sa jeunesse", a-t-elle déclaré.